# Schamanische Rituale

Naturheilkräfte aktivieren

Svenja Zuther

blv

# Inhalt

# Die Heilkraft der Sehnsucht

Die Verbundenheit mit der Natur zu spüren ist eine äußerst beglückende Erfahrung.

Meine Sehnsucht nach Verbundenheit mit der Natur führte mich zur Beschäftigung mit dem Schamanismus. Seit meiner Kindheit verspürte ich eine besondere Beziehung zu Pflanzen. Doch leider fühlte ich mich oft getrennt von dieser so schönen Natur, irgendwo »da draußen«. In meiner Heimatstadt Berlin studierte ich Biologie und war enttäuscht vom seelenlosen Systematisieren und Benennen von Einzelteilen der Natur. Dann fand ich bei einem Praktikum in der Naturerlebnispädagogik in einem Nationalpark eine befriedigende Möglichkeit, mir selbst und anderen Menschen mehr Sinne für das Erleben der Natur zu öffnen. Doch ich wollte noch mehr, noch tiefer gehen, noch mehr mit der Natur in Kontakt gehen. Ich erforschte die Dimensionen der »Ganzheitlichen Pflanzenheilkunde« und begann, eigene Methoden der heilsamen Begegnung zwischen Mensch und Pflanze zu entwickeln. Die Beschäftigung mit dem Schamanismus wurde mit der Zeit immer wichtiger, denn ich wollte gerne mehr über unsere Beziehungen zur Natur verstehen – auch zu den andersweltlichen Ebenen. Ich hatte das Gefühl, im Schamanismus würde ich etwas finden, das meine Sehnsucht stillt.

Dabei lernte ich nicht nur von menschlichen Lehrern, sondern vor allem von der Natur selbst. Je mehr ich mich für diese andere Sicht auf die Welt öffnete und mich von Begrenzungen befreite, die mir nicht mehr sinnvoll erschienen, desto mehr zeigte sich mir ein Naturerleben voller Zauberkraft, voller Schönheit, voller Wahrheit. Ich erlebte tatsächlich, dass die Natur mir antwortet auf meine Fragen, meine Sehnsucht, meine Aufmerksamkeit. Die Pflanzendevas begannen zu mir zu »sprechen« und öffneten mir die Augen — oder besser gesagt das Herz — für viele Erkenntnisse, die mir vorher verborgen geblieben waren. Und für mich gab es keine Trennung mehr: Schamanismus und Naturwissenschaft sind keine Gegensätze, dürfen keine Gegensätze sein!

Wenn wir lernen, die Natur bewusst wahrzunehmen, entdecken wir, dass auch die Natur uns wahrnimmt! Wir können kommunizieren mit der Natur — mit ihr in Austausch gehen und werden dadurch in die Lage versetzt, in echter Kooperation mit der Natur zusammen zu arbeiten.
Ich glaube, dass dies ein guter Weg in eine gute Zukunft ist.
Möge dieses Buch vielen Menschen Freude bereiten und Mut machen, diesen Weg zu gehen!

Svenja Zuther

## Gebrauchsanleitung für dieses Buch

Dieses Buch ist ein Angebot von vielen praktischen Übungen, mit denen Sie sich das schamanische Weltbild und eine neue Beziehung zur Natur wieder erschließen können.

### Mein Tipp:

Besorgen Sie sich ein schönes, großes, aber immer noch gut handliches Notizbuch, am besten mit unlinierten Seiten, in dem Sie Ihre Gedanken und Erkenntnisse dokumentieren können – in Wort und Bild.

Die vorgestellten Themen und Übungen müssen nicht in der gegebenen Reihenfolge, von vorne bis hinten, »durchgearbeitet« werden. Suchen Sie sich das heraus, was Sie gerade am meisten anspricht, und beginnen Sie dort Ihre Reise in die schamanische Welt, wo Sie am meisten Lust verspüren.

## Es gibt folgende Arten von Übungen/Praxisanwendungen:

### Der geistige Schlüssel

Unsere Vorstellungen bewusst machen und unsere Ausrichtung gestalten

### »Die Seele fliegen lassen«

Räucherrituale, Visualisierungen, Reisen in die Anderswelt

### In Kontakt mit der Natur

Wahrnehmungsübungen, Natur-Meditationen, Achtsamkeitsübungen,

### Rituale

Gestalten im Einklang mit der Natur

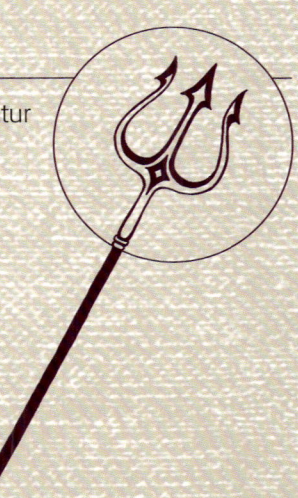

### Pflanzenanwendungen

Räuchern, Heilpflanzen, Amulette, …

# Faszination
# Schamanismus

VON DER STEINZEIT BIS HEUTE – SCHAMANISMUS
IST DIE BIS HEUTE GÜLTIGE ANTWORT UNSERER
VORFAHREN AUF UNSERE SEHNSUCHT NACH GE-
BORGENHEIT IM SCHOSS DER MUTTER ERDE SOWIE
AUF UNSERE FRAGE, WIE WIR VERANTWORTUNGS-
VOLL UNSERE AUFGABE ALS TEIL DER NATUR ER-
FÜLLEN KÖNNEN.

# NaturBewusstSein –
# Schamanismus im 21. Jahrhundert

*»Wahrlich die Zeit ist gekommen, um wieder aus dem Brunnen der Erinnerung zu trinken und sich erneut mit der vergessenen Weisheit unserer die Erde verehrenden Ahnen zu verbinden.«*

(Ralph Metzner)

Schamanismus berührt eine Sehnsucht in uns, die Sehnsucht nach Verbundenheit mit der Natur, die Sehnsucht dazuzugehören – zum Ganzen, zur Natur, zum Universum.

Der Schamanismus spricht unser Bedürfnis an, in andere Welten des Bewusstseins vorzustoßen, die sich außerhalb unserer Alltagswahrnehmung befinden. Es ist ein natürliches Bedürfnis nach Transzendenz und Ekstase, nach Freiräumen für unseren Geist und Nahrung für unsere Seele.

Der Schamanismus steht uns nahe, er steckt uns in den Knochen, weil er die meiste Zeit das Leben der Menschen geprägt hat. Schamanismus ist die älteste gemeinsame Wurzel der Menschheit. Alle ganzheitlichen Denk- und Heilweisen haben hier ihren Ursprung. Schamanismus ist etwas Archaisches. Und gleichzeitig etwas ganz Grundlegendes und damit Zeitloses. Schamanismus bindet uns an, an das, was unsere Vorfahren geglaubt, erlebt und gelebt haben. Und Schamanismus ist auch heute noch von unschätzbarem Wert für uns – wenn wir ein Interesse daran haben, ein glückliches Leben im Einklang mit unserer Umwelt zu leben. Ich persönlich glaube, dass es höchste Zeit ist, dass wir schamanisches Denken und Handeln wieder in unsere Lebenskonzepte integrieren, dass wir alle Lebewesen als unsere Schwestern und Brüder betrachten.

## Die schamanische Weltsicht

Der Schamanismus unterscheidet sich von unserer gängigen modernen Weltanschauung grundsätzlich darin, dass er mehrere Ebenen der Realität und die Existenz von Geistwesen in der Natur anerkennt. Überall auf der Welt haben Menschen schamanische Methoden entwickelt, um sich in dieser mehrschichtigen Welt zu bewegen und mit diesen Geistern umzugehen. Der schamanische Weg der Pflanzenheilkunde bedeutet zum Beispiel, mit den Pflanzengeistern in Kontakt zu treten und mit ihnen zusammen zu arbeiten. Die Pflanzengeister werden zu Lehrern – und Heilung kann durch die freundschaftliche Verbindung mit dem Pflanzengeist geschehen.

Ich finde es spannend, mir zu überlegen, was geschehen könnte, wenn wir in allen Lebensbereichen wieder kooperativ mit Pflanzen und Tieren und den anderen sichtbaren und unsichtbaren Wesen zusammenarbeiten würden. Dafür müssten wir zunächst unser Bewusstsein für diese Verbindungen schulen und beginnen, die Aufmerksamkeit und den Respekt für all die anderen wieder zu leben.

Dadurch, dass sich das schamanische Weltbild von unserer modernen Weltanschauung grundlegend unterscheidet, ist der Begriff »Schamanismus« so wichtig geworden. Eigentlich ist Schamanismus das Natürlichste, was es gibt. Für naturverbundene Kulturen ist er ganz selbstverständlich, sie benötigen kein Wort dafür!

## Traditioneller Schamanismus

In nur sehr wenigen Kulturen der Welt ist der Schamanismus bis heute in seiner traditionellen Form erhalten geblieben. Nepal ist das einzige Land, in dem der Schamanismus nie verboten oder unterdrückt wurde. Am »Shamanistic Studies and Research Centre« von Mohan Rai in Kathmandu hatte ich das Glück, dies erleben zu dürfen. Die Kraft, die durch diese ungebrochene Anbindung an das Wissen der Vorfahren entsteht, hat mich sehr fasziniert und inspiriert. Was ich dort lernen durfte, hat mir geholfen, an die schamanischen Wurzeln unserer eigenen Kultur wieder anzuknüpfen.

**Der Schamane Indra Doj Gurung geht in Trance für ein Heilungsritual.**

# Schamanismus in Europa

Auch unsere Kultur war ursprünglich durch ein schamanisches Weltbild geprägt. Schamanismus entsteht durch Beobachtung und Erfahrung der Natur, durch ein Naturerleben, das nichts ausklammert. Ich möchte behaupten: Jeder hat schon einmal Erlebnisse gehabt, die er mit unserem modernen sachlichen, nüchternen, technischen Weltbild nicht erklären kann. Aber wir sind gewohnt, dass wir solche Wahrnehmungen nicht zulassen. Vielleicht auch, weil wir Angst haben, verrückt zu sein oder zumindest von anderen so bezeichnet zu werden.

## Verehrung der Natur

Unseren Vorfahren ist es verboten worden, Beziehungen mit der Anderswelt zu pflegen. Im Zuge der Christianisierung sollte die Verehrung des Göttlichen in der Natur beseitigt werden, so forderte es etwa Karl der Große. Die heidnisch-schamanischen Rituale, wie zum Beispiel das Aufstellen von Lichtern an Bäumen und der rituelle Gebrauch von Pflanzen, waren nicht länger erwünscht. An den zahlreichen Wiederholungen solcher Vorschriften über die Jahrhunderte hinweg erkennt man, dass die Verbote nur schwerlich durchzusetzen waren. Doch letztendlich waren sie erfolgreich. Heute ist aus unserer mitteleuropäischen Kultur fast alles verschwunden, was noch daran erinnert, dass wir Menschen nicht allein sind in den Welten des Bewusstseins, dass wir mit der Natur in Beziehung treten können und dass Pflanzen und Tiere auch unsere weisen Gefährten und Lehrer sein können. Viele Menschen fühlen sich innig verbunden mit Pflanzen und Tieren, mit ihrem Garten oder auch mit ihrem Acker, doch kaum jemand traut sich heute über diese liebevollen, immateriellen Werte der Natur zu sprechen.

# Schamanismus als Naturwissenschaft

Häufig wird der Schamanimus als Religion bezeichnet und oft wird er in den Bereich der Esoterik gedrängt, doch das trifft nicht den Kern. Im Schamanismus geht es nicht um Glauben, sondern um die tatsächlich erfahrbaren Naturkräfte und um die bewährten Methoden, damit umzugehen. Diese wurden von Generation zu Generation weitergegeben und weiterentwickelt.

Schamanismus war für unsere Vorfahren kein Hobby und kein Zeitvertreib, sondern eine elementare Lebensgrundlage. In meinen Augen ist Schamanismus eine der ältesten Naturwissenschaften. Im Schamanismus geht es darum, von der Natur zu lernen und mit der Natur gut zusammenzuarbeiten. Ein Schamane ist hier Sehender, Vermittler und Ratgeber – ein Heiler in einer wahrhaft ganzheitlichen Funktion. Zahlreiche Techniken sind entstanden, um mit Geistern, die Krankheiten verursachen, umzugehen, um die Götter, die das Wachsen und Gedeihen der Nahrung des Menschen unterstützen, günstig zu stimmen, um im Einklang mit der Natur wichtige Erkenntnisse zu gewinnen und allen ein gutes Leben zu ermöglichen.

## Schamanische Ökologie

Letztendlich könnte man sagen: Schamanismus ist eine umfassende Form der Ökologie. Griechisch »oikos« bedeutet »das Haus« und so ist die Ökologie »die Lehre vom Haushalt«. Heute versteht man darunter die Erforschung der Beziehungen der Lebewesen untereinander sowie der Interaktionen mit ihrer unbelebten Umwelt. Vielfach ist es heute unser Bestreben, aus den Erkenntnissen der ökologischen Forschung Ideen abzuleiten, wie wir das Zusammenleben der Lebewesen auf unserer Erde erhalten oder optimieren können. Der Schamanismus bezieht in solche Betrachtungen stets auch die spirituellen Ebenen mit ein: Schamanische Heilung geschieht immer unter Einbeziehung der Bedürfnisse der unsichtbaren Wesen der Anderswelt!

**Schamanismus ist eine ökologische Weltsicht, die auch andersweltliche Dimensionen umfasst.**

## Ein neues Naturbewusstsein

Das schamanische Weltbild können wir uns wieder zu eigen machen, auch ohne als Schamanen berufen zu sein. Das könnte auch der erste Schritt sein, eine schamanische Tradition in unserer Kultur wiederherzustellen.

Wir stehen in ständigem Austausch mit der Natur – körperlich, geistig, seelisch. Der Baum vor unserem Fenster hat eine Wirkung auf uns, genauso wie der Wind, der durch unsere Haare streicht. Wir können lernen, all das wieder wahrzunehmen und damit wieder Teil zu werden im Netz der Natur. Wir sind nicht allein! Wir sind umgeben von Natur und wir sind selbst Natur. Wir sind eins. Die Natur ist faszinierend, vielfältig, sehr kraftvoll! Sie ist weder gut noch böse, aber sie zeigt uns viele Polaritäten: Was für den einen gut ist, kann für den anderen schlecht sein und umgekehrt.

## Dem Sinn des Lebens auf der Spur

In diesem Buch geht es darum, das schamanische Weltbild und unsere Beziehungen zu den anderen Wesen der Natur wieder neu zu entdecken. Wir können wieder lernen, aus der Beobachtung der Natur tief greifende Erkenntnisse zu gewinnen und auch wichtige praktische Ratschläge für unser Leben zu erhalten. So können wir uns wieder bewusst machen, was das Leben wirklich ausmacht!

Wir können Antworten auf viele elementare Fragen erhalten: Was ist eigentlich Natur? Wer bin ich? Was will ich? Was macht mich glücklich? Wie kann ich mein Leben im Einklang mit der Natur gut gestalten?

**Die Verehrung der wundervollen Natur ist wesentlicher Bestandteil der schamanischen Weltsicht.**

## Die Wahrnehmung der Natur erweitern

Sich dem schamanischen Weltbild wieder anzunähern heißt, die eigene Wahrnehmung der Natur wieder zu kultivieren, zu verfeinern und zu erweitern. Es geht darum, sie wieder als wertvolles Instrument schätzen zu lernen. Denn nur unsere eigenen Gefühle können uns sagen, was uns guttut und was nicht! Die »Wahrnehmung des Herzens« bringt uns in Kontakt mit unseren Mitlebewesen und teilt uns auch mit, wenn etwas in unserem Umgang miteinander »nicht stimmig« ist. Hierbei ist es jedoch sehr wichtig, tatsächliche Wahrnehmungen von Vorstellungen, Fantasien und Wunschdenken zu unterscheiden.

## Schamanismus ist lebendig

Heute müssen wir den Schamanismus für uns wieder völlig neu entdecken und entwickeln. Aus den wenigen rudimentären Überlieferungen über die schamanische Weltanschauung und Praktiken unserer Vorfahren und durch Lernen von Kulturen, bei denen schamanische Traditionen noch lebendig sind, können wir die schamanische Tradition unserer eigenen Kultur rekonstruieren. Schamanismus ist nichts Statisches — Schamanismus ist lebendig.

Gerade dadurch, dass wir zwischenzeitlich etwas verloren hatten, wissen wir umso mehr zu schätzen, was wir wieder gewinnen können! In der Bewusstheit, mit der wir den Schamanismus wiederentdecken, liegt eine große Chance für ein neues Naturbewusstsein, das unsere Entfremdung von der Natur — und damit die Natur an sich — zu heilen vermag.

## *Kontakt mit der Anderswelt*

**Machen Sie sich bewusst, warum Sie persönlich vom Schamanismus fasziniert sind:**

• Was hat Sie dazu bewogen, dieses Buch in die Hand zu nehmen und zu lesen?

• Sind Sie schon einmal mit der »Anderswelt« – mit anderen Ebenen der Realität – in Kontakt gekommen?

• Sind Ihnen schon einmal Dinge passiert, die Sie mit unserem heute gängigen, technisch und materiell orientierten Weltbild nicht erklären können?

• Haben Sie eine besondere Beziehung zu bestimmten Pflanzen und Tieren? Was bedeuten Ihnen diese Beziehungen im Einzelnen?

• Gibt es bestimmte Orte, die für Sie – ohne ersichtlichen Grund – besondere Bedeutung haben? Was waren oder sind Ihre Gefühle dabei?

Versuchen Sie, sich an so viele Ereignisse in Ihrem Leben wie möglich zu erinnern.

**Die Wegwarte – wie die »blaue Blume« der Romantik – ist ein Symbol für die Sehnsucht nach Verbundenheit mit der Natur.**

# Der Weltenbaum –
# das schamanische Weltbild

Wir alle wissen, dass es sie gibt: Die Welt, aus der wir kommen, und die Welt, in die wir gehen. Doch wie diese »andere Welt« beschaffen ist, darüber wissen wir in unserer modernen »naturwissenschaftlichen« Welt nichts.

*»Der Heilige Hain ist ein Bewusstseinszustand. Nur wer die Heiligkeit der Natur wahrnehmen kann, sieht den Heiligen Hain – nicht mit dem Auge, sondern mit dem Herzen.«*

(Christian Rätsch)

So sind für uns heute Geburt und Tod ein wohl größeres Mysterium, als sie es jemals waren. Unserem Lebensweg fehlen damit eigentlich Anfang und Ende. Hinsichtlich der existenziellen Fragen von Leben und Tod und dem Sinn des Lebens sind wir entsprechend orientierungslos. Im schamanischen Weltbild hingegen existieren neben unserer Alltagswirklichkeit auch andere Ebenen des Daseins, die mit unserer Alltagswirklichkeit Berührungspunkte haben. Alte Mythen erzählen zum Beispiel von Gottheiten der Unterwelt wie der germanischen Holda (Frau Holle) und dem griechischen Hades, die die ungeborenen Seelen hüten und die Verstorbenen willkommen heißen.

## Die Anderswelt

Heute verwenden wir gerne den Begriff der »Anderswelt«, um damit alles zu umschreiben, was nicht in unser modernes Weltbild passt. Sie ist entsprechend bunt bevölkert: In der Anderswelt sind die Götter, die Ahnen, die Geister (z. B. Pflanzen- und Tiergeister, Ortsgeister, Familiengeister, Totengeister) zu Hause und ebenso all die Wesen, die wir aus den Märchen kennen: Elfen, Nixen, Riesen, Zwerge, Heinzelmännchen, Wichtel, Kobolde, Trolle etc. Menschen zu allen Zeiten, in den verschiedensten Kulturen dieser Welt, haben solche Begriffe, Bilder und Geschichten »erfunden«, um Wesen und Kräfte zu beschreiben, die in ihrer »Wahr-Neh-mung« der Natur dazugehören. Der Schamanismus geht davon aus, dass wir mit all diesen Wesen genauso ein gutes Auskommen finden müssen wie mit unseren menschlichen Nachbarn, Lebenspartnern, Familienmitgliedern, Vorgesetzten, Mitarbeitern, Staatsbeamten usw. Mit manchen dieser Wesen können wir besonders gute Verbindungen aufbauen und ihren Rat und ihre Unterstützung erbitten.

## Die drei Welten

Oft wird das schamanische Weltbild als dreigeteilt beschrieben, so zum Beispiel auch in der Edda, der von Snorri Sturluson († 1241) verfassten Sammlung altnordischer Mythen und Lieder. Auch in Nepal, wo die schamanische Tradition nie unterdrückt wurde, wurde mir der Aufbau der Welten, in denen sich der Schamane bewegt, so beschrieben. Neben der Mittelwelt, die unserer Alltagswelt entspricht, gibt es eine Ober- und eine Unterwelt. In gewisser Weise entspricht die Oberwelt dem Himmel, dem Luftraum über uns, und die Unterwelt dem, was sich unter der Erde und unter Wasser befindet.

Die Wesen, die diese Welten bewohnen, werden in den Märchen und Mythen verschiedener Kulturen unterschiedlich benannt und beschrieben. Doch insgesamt lassen sich viele Ähnlichkeiten erkennen.

## Wie wirklich ist die Anderswelt?

Eine häufige Frage: Wie kann ich die echte Wahrnehmung eines Kontakts mit der Anderswelt von dem unterscheiden, was meine Fantasie und mein Wunschdenken hervorbringen?
Echte Wahrnehmungen entstehen auf der Basis eines echtes Interesses (lat.: dazwischen sein). Eine unvoreingenommene Offenheit für eine neue Erfahrung, die den eigenen Horizont überschreitet, öffnet die Tür zum anderen. Wahrhaftige Mitteilungen aus der Anderswelt erkennen wir z. B. daran, dass sie völlig neue Erkenntnisse für uns mit sich bringen und dass sie uns sehr berühren, z. B. Gänsehaut oder Tränen der Rührung hervorrufen.

**In der Edda sind uns Überreste des alten heidnisch-germanischen Weltbildes überliefert.**

## Die Wiederkehr der Lebenskraft

Eines Tages raubt der Herrscher der Unterwelt, Hades, Persephone, die schöne Tochter der Fruchtbarkeitsgöttin Demeter, und nimmt sie mit in sein unterirdisches Reich. Während Demeter ihre Tochter sucht und voller Trauer ist, verlieren die Pflanzen auf der Erde ihre Kraft. Als sie ihre Tochter wiederfindet, gelingt es ihr zu erreichen, dass Persephone jedes Jahr für einige Zeit wieder in die obere Welt zurückkehren kann. Mit dieser griechischen Mythe werden der Wechsel der Jahreszeiten und die alljährliche Wiederkehr der grünen, blühenden und fruchtenden Vegetationskraft symbolisiert.

Der Spitzwegerich, auch »Kraut der Persephone« genannt, ist eine kraftvolle Heilpflanze.

## Die Oberwelt

In den obersten Regionen der Oberwelt sind die höchsten Götter beheimatet sowie die Götter und Geister, die mit dem Wetter verbunden sind. Weiterhin bevölkern Licht- und Luftwesen, wie Engel, Elfen und Lichtelben, die Oberwelt. In der griechischen Mythologie ist Zeus der oberste Herrscher. Mit Blitz und Donner regiert er vom Olymp, dem höchsten Gebirge Griechenlands, aus die Welt. Im Himalajaraum haben Shiva und Parvati als die höchsten Götter ihren Sitz auf dem »Dach der Welt«. Bei den Germanen heißt der göttliche Himmelsherrscher Thor oder Donar. Mit seinem Hammer Mjölnir schlägt er auf die Wolken und erzeugt damit Blitz und Donner. Damit beschützt er die Menschen beispielsweise vor den Riesen. Wo der Blitz einschlägt, befruchtet er die Erde und inspiriert die Gedanken der Menschen mit göttlicher Weisheit.

Schamanen reisen selten in die obersten Regionen der Oberwelt. Um die höchsten Göttinnen und Götter mit einer Frage zu stören, muss man schon einen triftigen Grund haben. Auf dem Weg dorthin muss man an zahlreichen Wächtern vorbeigelangen. Doch mit den Engeln und Elfen, die zum Beispiel mit den Pflanzenwesen in enger Verbindung stehen, lässt sich recht leicht ein guter Kontakt pflegen.

## Die Unterwelt

In der Unterwelt leben unter anderem die Nagas. Das sind Schlangengeister, die im asiatischen Raum eine große Rolle spielen für die Fruchtbarkeit der Erde und das Pflanzenwachstum sowie die Energieversorgung der Mittelwelt überhaupt. In der germanischen Mythologie sind hier die Zwerge und Schwarzalben zu Hause. Weiterhin befindet sich hier das Totenreich, das bei den Germanen der Göttin Hel untersteht, bei den Griechen dem Gott Hades. Auf der Suche nach der Ursache von Krankheiten reisen Schamanen meist in die Unterwelt. Hier suchen sie etwa nach verloren gegangenen Seelenanteilen.

## Die Mittelwelt

In der Edda wird die Mittelwelt als »Midgard« bezeichnet – es ist der »mittlere Garten«. In unserem täglichen Leben befinden wir uns in der Mittelwelt. In vielen

Der Baum ist in vielen Kulturen ein Symbol für die drei Welten.

Mythen ist die Mittelwelt entstanden durch die Vereinigung von Himmel und Erde. In den griechischen Mythen heißt es: Die Nacht gebar ein silbernes Ei. Aus dem Ei trat zunächst Eros hervor, der Liebesgott. In dem Ei befanden sich weiterhin Himmel und Erde und Eros brachte sie dazu, sich zu vereinigen. Eine andere Mythe berichtet von der Vereinigung von Uranos (dem gestirnten Himmel) und Gaia (der Erde). Aus diesem ersten Liebespaar entstand alles andere.

Im germanischen Mythos tut sich zwischen Feuer und Eis eine Schlucht auf: die Gähnung »Ginnungagap«. Hier formt sich zunächst der Ur-Riese Ymir. Aus Ymir entstehen die Mittelwelt und die Menschen.

In all diesen Mythen können wir erkennen, wie sehr unsere Mittelwelt mit den anderen Welten Verbindungen hat. Zur Orientierung in der Anderswelt dient die Idee eines Welten-baumes. Dieser Lebensbaum existiert in den Mythen vieler Völker. Seine Wipfel berühren den Himmel oder tragen ihn sogar und seine Wurzeln reichen bis tief unter die Erde. Der Weltenbaum symbolisiert die Schöpfung – er spannt die Welten auf und bleibt, solange er lebt, die Verbindung der drei Welten. Sein Stamm entspricht der Mittelwelt, seine Wurzeln der Unterwelt, seine Wipfel der Oberwelt.

## Verbindungen und Grenzen

Das schamanische Konzept der drei Welten macht uns deutlich, dass wir im Selbstverständnis der modernen westlichen Welt für gewöhnlich nur einen Bruchteil des Daseins berücksichtigen. Wenn wir uns wieder aufmachen,

**Bäume waren unseren Vorfahren heilig. Heilige Haine dienten der Verehrung der Natur.**

die anderen Daseinsebenen anzuerkennen, und den Wesen und Kräften, die sie bevölkern, wieder Aufmerksamkeit schenken wollen, gilt es einige sehr wichtige Dinge zu beachten: Es ist bedeutend, sowohl die Verbindungen als auch die Grenzen zwischen den Welten zu kennen und mit beiden gezielt umgehen zu können.

Die Wesen der Natur sind kraftvoll und wirken nicht unbedingt immer positiv auf das Leben der Menschen. So sind Techniken zum Schutz und zur Reinigung von negativen Einflüssen wesentlicher Bestandteil schamanischer Kulturen. Auf der anderen Seite kann man sich mit bestimmten kraftvollen Wesen verbünden, um teilzuhaben an ihren Kräften.

## Kontakt mit der Anderswelt

Reisen in die Anderswelt können der Erkenntnis dienen, da man hier mitunter wichtige Zusammenhänge für das eigene Leben auf einer anderen Ebene erkennen kann. Der Kontakt mit den Andersweltlichen kann uns gute Inspiration und Unterstützung bieten und uns helfen, das Leben zu meistern. Für all das ist es wichtig, die eigenen Wünsche und Werte gut zu kennen und sich entsprechend auszurichten. So gilt es auf der einen Seite Grenzen zu setzen und auf der anderen Seite, sich gezielt zu öffnen und gute Beziehungen zu pflegen.

## Tore in die Anderswelt

Es gibt besondere Orte und Zeiten, an denen die Grenzen zwischen den Welten durchlässiger sind. Zu den sogenannten Zwischenzeiten gehören die Morgen- und Abenddämmerung sowie bestimmte Zeiten im Jahreslauf, vor allem die Sommer- und die Wintersonnenwende. Zu diesen Zeiten gab es besondere Schutzmaßnahmen vor ungewollten Übergriffen aus der Anderswelt. So hat man etwa den Geistern im Gefolge der »Wilden Jagd«, die in den Raunächten vor und nach der Wintersonnenwende übers Land ziehen, Speis und Trank bereitgestellt, um sie gnädig zu stimmen. Gleichzeitig wurden diese Zeiten ausgiebig für Orakel genutzt, um mithilfe der Andersweltlichen mehr Wissen über Vergangenheit, Gegenwart und Zukunft zu erlangen.

Ebenso gibt es bestimmte Orte, die einen leichteren Kontakt mit der Anderswelt ermöglichen. Solche heiligen Kultplätze unserer Vorfahren waren zum Beispiel die Heiligen Haine oder auch heilige Berge und Quellen. Vieles davon ist vergessen, verdrängt, zerstört oder überbaut worden.

Wo viel Efeu wächst, befinden sich Eingänge in die Unterwelt – so ein alter Volksglaube.

## Der Heilige Hain

Für unsere Vorfahren waren Bäume sehr wichtig. Die Germanen verehrten ihre Götter nicht in Tempeln, sondern in einem Heiligen Hain d. h. in einem bestimmten Bereich des Waldes, der für sie von besonderer Bedeutung war. Auch einzelne heilige Bäume waren Kultstätten für die Verehrung der Natur und bestimmter Gottheiten oder Geistwesen. Die Ratsversammlungen der Menschen fanden in der Nähe heiliger Bäume statt, die den Weltenbaum repräsentierten.

Johanniskraut ist eine bedeutende magische Schutzpflanze.

## Pflanzen als Wächter zwischen den Welten

Zu den Pflanzen, die auf besondere Weise mit der Anderswelt verbunden sind und für die Menschen Tore in die anderen Welten sein können, gehören die Hasel, der Holunder und der Efeu. Der Beifuß ist in vielen Ländern der Welt ein geschätztes »Reisekraut« für die Schamanen. Er gibt dem »Wanderer zwischen den Welten« Kraft und Schutz auf seinen Reisen. Als magische Abwehrpflanzen, die die Menschen vor Übergriffen aus der jenseitigen Welt beschützen sollten, gelten z. B. die Engelwurz, das Johanniskraut und die Brennnessel.

# Von »Aberglauben«, Bräuchen und Ritualen

Für unsere Vorfahren war es selbstverständlich, mit der Welt der Ahnen und Geister zu leben. In bis heute überliefertem Brauchtum können wir häufig das schamanische Weltbild unserer Vorfahren entdecken. Alle wichtigen Feiertage und Übergangszeiten im Lebenslauf eines Menschen sowie bedeutende Zeiten im Jahreslauf der Natur sind von unseren Vorfahren im Rahmen ihres schamanischen Weltbildes beachtet, begangen und gefeiert worden. Viele Weisheiten, Sprüche, Symbole und rituelle Handlungen kennen und verwenden wir davon noch heute. Einige Beispiele: Zu Ostern hängen wir Eier an einen Strauß aus Zweigen, die gerade die ersten grünen Blättchen austreiben; zu Weihnachten dekorieren wir rote Kugeln an einen immergrünen Weihnachtsbaum. Mitunter wird gesagt, nachts solle man sich nicht an Kreuzungen aufhalten, weil dort Unheil geschieht. Zwischen Weihnachten und Neujahr soll man keine Wäsche draußen aufhängen. Zu Silvester wird »Blei gegossen« oder »gemauschelt«, um gute und schlechte Zeiten im nächsten Jahr vorherzusagen.

## Die Schätze unserer Ahnen

Den ursprünglichen Sinn dieser Bräuche können wir uns heute oft kaum mehr erklären, denn das Wissen um die alten Regeln und Rituale, die eingebettet waren in das heidnisch-schamanische Weltbild, ist in den vergangenen Generationen nicht weitergetragen worden. Oft sind sie durch das Christentum verändert und mit anderen Bedeutungen überlagert worden. Auch das moderne technisch-nüchterne Weltbild hat viele Vorstellungen in unserer Gedankenwelt ausgemerzt. Wenn wir jedoch Schmutz und Staub von den Ruinen unserer schamanischen Vergangenheit entfernen, können wir wahre Schätze entdecken und dem Wissen unserer Ahnen wieder Ehre erweisen.

## *Alte Bräuche – neue Rituale*

**Die folgende Übung kann helfen, altes Wissen wiederzuentdecken. Indem wir es wieder in Erinnerung rufen und – wenn wir das für sinnvoll halten – es wieder beleben, können wir unsere Anbindung an verloren gegangene Traditionen wieder heilen.**

- Sind in Ihrer Familie bzw. an Ihrem Wohnort alte Bräuche überliefert, über deren Sinn Sie sich schon immer gewundert haben?
- Welche Naturmaterialien spielen dabei eine Rolle?

- Sind diese mit bestimmten Feiertagen verbunden, wie z. B. Ostern oder Weihnachten?
- Welche Pflanzen und Symbole verwenden Sie zu Festen und Feiertagen, Geburtstagen, Beerdigungsfeiern, Ostern, Weihnachten etc.?

Schreiben Sie alles auf, was Ihnen zu diesem Thema einfällt. Je länger Sie mit diesem Buch arbeiten, desto mehr werden Sie den Sinn alter Bräuche wieder verstehen und können dann entscheiden, einige davon wieder als sinnvolle Rituale bewusst in Ihr Leben zu integrieren.

## *Vom Hineinhören in die Natur*

Das genaue »Hinhören« ist besonders wichtig für unsere Verbindung mit anderen Wesen der Natur! Diese Übung hilft, sich dem Hören bewusst zu öffnen.

- Setzen Sie sich an einen schönen Platz in der Natur.
- Konzentrieren Sie sich auf das, was Sie hören und aus welcher Richtung es kommt.
- Malen Sie dazu ein Bild, zunächst in Schwarz-Weiß. Zeichnen Sie für sich selbst einen Kreis in die Mitte des Papiers. Zeichnen Sie das, was sie hören, symbolisch in der jeweiligen Richtung und Entfernung von sich selbst.
- Horchen Sie wieder genau — hinaus in die Natur und in sich hinein. Zeichnen Sie, was durch die gehörten Wahrnehmungen in Ihnen entsteht.
- Nehmen Sie farbige Stifte hinzu und geben Sie all den gehörten Geräuschen eine Farbe, die für Sie stimmig ist.

Der Gebrauch von Ostereiern erinnert noch an das ursprüngliche Fest der Ostara – der Göttin des Frühlings und der Fruchtbarkeit.

# Wanderer zwischen den Welten

Der Schamanismus lebt durch die Verbindung mit der Natur und durch die Aufmerksamkeit für das, was in der Natur geschieht – auf allen Ebenen. In allen Kulturen haben sich die verschiedensten Experten für den Umgang mit der Anderswelt herausgebildet.

*»Wenn wir beginnen zu verstehen, wie sehr unsere Wahrnehmung der Natur »ver-rückt« worden ist, können wir das Wandern zwischen den Welten wieder als elementaren Bestandteil des Lebens erfassen.«*

Diese »Wanderer zwischen den Welten« werden mit unterschiedlichen Namen beschrieben: Zauberer, Hexen, Druiden, Seherinnen, Sybillen, Wahrsager, Seelengeleiter, Schamanen, … Es sind besondere Menschen, die besondere Fähigkeiten haben, wobei die Fähigkeiten und ihre Tätigkeitsbereiche etwas unterschiedlich sind. Ungeachtet der großen Vielfalt dieser »Anderswelt-Spezialisten« interessieren wir uns heute vor allem für die Schamanen.

Schamanen sind Menschen, die nicht nur einen Beruf ausüben, sondern eine Berufung – sie haben die Aufgabe erhalten, mit ihren besonderen Fähigkeiten anderen Menschen zu helfen. Über die Herkunft des Wortes »Schamane« gibt es viele Deutungen. Eine mögliche Übersetzung ist »Wissender« oder »Zauberer«. Ich würde den Schamanen auch als »Diplomaten« im Umgang mit der Anderswelt bezeichnen.

## Die Funktionen des Schamanen

Die wichtigsten Funktionen des Schamanen sind das Heilen, das Balancieren der Kräfte und das Herstellen von Kontakten mit der Welt der Geister, Götter und Dämonen. Das Heilen beschränkt sich dabei nicht nur auf den Menschen, sondern auch auf seine Umwelt, denn die soziale Gemeinschaft in einer vom Schamanismus geprägten Welt umfasst auch die äußere Natur, die Geister und die göttlichen Kräfte. Nicht nur im Bedarfsfall, sondern regelmäßig werden Rituale durchgeführt, um all den Kräften, mit denen man auf der Erde zusammenlebt, wie zum Beispiel den Ahnengeistern oder dem Wasser, Aufmerksamkeit und Liebe zu schenken und so für gute Beziehungen zu sorgen.

## Die Gaben des Schamanen

Ein Schamane hat für dieses Leben ein »Geschenk« von den Göttern erhalten. Er hat die Gabe, Trancezustände kontrollieren zu können. Damit kann er gezielt und bewusst in die Anderswelt reisen. Schamanen müssen voller Hingabe sein für ihre Aufgabe: zu heilen. Sie müssen besonders kraftvoll sein und dürfen keine Furcht haben. Wenn es nötig ist, müssen sie sich vielleicht in Tiere verwandeln und mit Geistern kämpfen. Bei den Kontakten mit der Anderswelt kann auch ihr eigenes Leben bedroht sein. Schamanen müssen eine lange Ausbildung absolvieren, bei weltlichen Lehrern und auch bei Geistwesen, durch die sie berufen wurden. Schamanen müssen einen Schwur leisten, wann immer sie gebraucht werden, anderen Menschen zu helfen, egal, ob sie als Lohn dafür ein Goldstück oder ein paar Reiskörner erhalten. Solche Menschen wählen diesen Beruf nicht freiwillig – sie werden dazu berufen, und wenn sie sich weigern und versuchen dem Ruf zu entfliehen, werden sie oft schwer krank.

# Wanderer zwischen den Welten

**Hexen:** Die Hexe kann eine zauberkräftige Heilerin sein. Oft wird der Begriff hergeleitet vom althochdeutschen »Hagazussa« – damit ist die Hexe die, die im Hag bzw. in der Hecke sitzt. Die Hexe erhält dort ihr Wissen von Pflanzen und Tieren. Weiterhin ist sie in der Lage, die Grenze zwischen der menschlichen Zivilisation und der Wildnis zu überwinden. Doch ebenso kennt man die »böse Hexe« und so werden auch die in vielen Kulturen beschriebenen Gegenspieler der Schamanen als »Hexen« übersetzt. Während die Schamanen dem Heilen verpflichtet sind, üben die »Hexen« den Schadenszauber und sprechen böse Flüche aus.

**Zauberer:** Ein echter Zauberer ist jemand, der willentlich die Wirklichkeit verändern kann.

**Sibyllen:** In der griechischen Antike gibt es einige Berichte über diese Wahrsagerinnen, die sich in Felsenhöhlen oder Erdspalten aufhielten. Vermutlich waren die Sybillen ursprünglich mit einem Kult der Erdmutter verbunden.

**Auguren:** Auguren waren im Alten Rom Beamte, die den Willen der Götter ergründen sollten. Dafür bezeichneten sie einen bestimmten Bereich der Natur als »templum«, in dem die Zeichen der Natur, z.B. der Flug der Vögel, beobachtet und gedeutet wurden.

**Völvas:** Als Völvas oder Wölwen benannte man in Nordeuropa die zauberkundigen Frauen und Seherinnen.

## Die Aufgaben des Schamanen

Ein Schamane hat in seiner Kultur verschiedene Funktionen. Er ist ein Heiler, insbesondere wenn Krankheiten dadurch entstehen, dass Probleme mit andersweltlichen Wesen die Ursache sind. So kann es zum Beispiel sein, dass ein Mensch krank wird, weil er heilige Pflanzen oder Tiere respektlos behandelt und die Geister damit verärgert hat. Oder ein Mensch wird krank, weil er von einer bösen Hexe verflucht wurde. Dann muss der Schamane den Fluch beseitigen, den Menschen von negativen Energien reinigen und die aufgebrachten Pflanzen- oder Tiergeister beschwichtigen. Menschen können von ruhelosen Totengeistern krank gemacht werden, weil nur so die Totengeister Aufmerksamkeit erlangen können. Der Schamane heilt dann den Menschen und den Totengeist, indem er dem Totengeist hilft, seinen Platz und seinen Frieden in der Anderswelt zu finden.

## Der Schamane als Ratgeber und Vermittler

Schamanen sind weise Ratgeber für ihre Gemeinschaft in vielerlei Fragen. Schamanen sind oft auch gute Schauspieler, die die für die normalen Menschen unsichtbaren Zusammenhänge zwischen den Welten in ihren Ritualen deutlich sichtbar machen. Schamanen leiten Rituale zur Beerdigung, zum Seelengeleit der Toten und zur Trennung der Welt der Toten und der Lebenden. Weiterhin führen sie Rituale durch, die der Erkenntnis dienen oder die für das soziale Miteinander der Menschen wichtige Funktionen haben.

Immer ist der Schamane der Vermittler zwischen den Menschen und den andersweltlichen Wesen. Um seine Funktion

»Hexenaltar« und »Teufelskanzel« am Brocken – hier feiern die Hexen die Walpurgisnacht.

ausüben zu können, hat er Verbündete in der Anderswelt: seine Ahnen, bestimmte Pflanzen- und Tiergeister, besonders machtvolle Totengeister etc.

## Gute Beziehungen pflegen

Die große Faszination für den Schamanismus zeigt: Wir Menschen haben ein grundlegendes Bedürfnis nach Transzendenz, Spiritualität und Gemeinschaft mit den anderen Wesen der Natur. Der Kontakt mit der Anderswelt ist nicht nur wichtig, um Probleme zu behandeln. Gute Beziehungen mit der Anderswelt zu pflegen, in lebendigen Kontakt zu treten mit anderen beseelten Wesen, kann uns auch mit der ganzen Natur als Quelle von Lebensenergie, Weisheit und guter Inspiration (wörtlich: »Be-Geisterung«) verbinden. Doch Umgang zu haben mit der Anderswelt wurde in unserer Kultur streng verboten, an ihre Existenz zu »glauben« verachtet und verlacht.

Doch ganz und heil können wir nur sein, wenn wir nichts ausklammern, was existiert, wenn wir uns unsere Gefühle und Wahrnehmungen nicht selbst verbieten. Je mehr wir wieder lernen, uns in unserer Beziehung zur Natur wahrzunehmen, desto mehr spannende Dinge können wir entdecken. Die Natur bietet uns immer »Bilder« an, die eine Wahrheit haben und eine Lebens-Weisheit beinhalten.

Auch ohne ein Schamane zu sein, können wir – in gewissen Grenzen – unser Bewusstsein erweitern und zum »Wanderer und Vermittler zwischen den Welten« werden:
- um die Welt und das Leben besser zu verstehen,
- um unsere inneren Welten besser kennenzulernen,
- um gute Beziehungen zu pflegen zwischen uns und den Andersweltlichen,
- um Wege der Zusammenarbeit mit der Natur zu finden,
- um ein Gefühl von Geborgenheit zu erleben.

Bevor man Kontakt aufnimmt mit der schamanischen Welt, sollte man sich seiner Intention bewusst sein. Den Anders-

weltlichen kann man nichts vormachen. Nur Worte zählen bei ihnen nicht. Die innere Haltung ist entscheidend darüber, wie unsere Suche nach Kontakt beantwortet wird.

### *Meine Faszination und Intention*

**Warum möchten Sie sich mit dem Schamanismus beschäftigen?**
Was ist Ihr Beweggrund?
Was ist Ihr Ziel? Was möchten Sie dadurch erreichen?
Was möchten Sie lernen zu tun?
Seien Sie ehrlich zu sich selbst. Formulieren Sie so lange eine Antwort auf diese Fragen, bis Sie sie klar und deutlich in einem Satz nennen können.

**Das giftige, psychoaktive Bilsenkraut war die heilige Pflanze der Völvas, der germanischen Seherinnen.**

# Vom Lesen
im »Buch der Natur«

DAS »BUCH DER NATUR« GIBT UNS ANTWORTEN
AUF DIE FRAGEN DES LEBENS. DIE BEOBACHTUNG
DER NATUR KANN UNS JEDERZEIT UND ÜBERALL
EIN QUELL DER ERKENNTNIS SEIN. SOLANGE
DIESE WELT BESTEHT, KANN ES NIEMALS ZER-
STÖRT WERDEN.

# Wie wir von der Natur lernen können

Für Schamanen auf der ganzen Welt ist klar: Die Natur ist der Lehrmeister des Menschen. Die Beobachtung der Natur kann ein bedeutsamer Weg der Erkenntnis sein. Das wussten auch die ganz großen Gelehrten unserer Kultur wie Paracelsus und Johann Wolfgang von Goethe.

*»Man muss sich fragen:
Wie hat der Erste gelehrt?
Und der, der ihn gelehrt hat,
lehre uns auch.«*

(Paracelsus)

Wann immer wir die Natur beobachten, zeigt sie uns etwas Großes, Bedeutsames: Sie zeigt uns, was Leben ist, sie zeigt uns, wie Leben sein kann. Sie zeigt uns alles, was geschaffen wurde. Schamanismus ist keine Religion, es gibt kein Glaubensdogma. Es gibt keine vorgeschriebene Bedeutung oder Bewertung. Wie siehst du es? Wie fühlt es sich für dich an? Was macht es mit dir? Das sind die entscheidenden Fragen. Es kommt auf die Antworten an, die du darauf findest und die für dich wichtig und bedeutsam sind.

In jeder Lebenslage kann es ratsam und hilfreich sein, die Natur zu beobachten und von ihr zu lernen, denn das, was die Natur uns lehrt, ist universell.

## Ehrlichkeit und Wahrhaftigkeit

Die wichtigste Voraussetzung, um von der Natur lernen zu können, ist die Wahrhaftigkeit – die Ehrlichkeit gegenüber den eigenen Empfindungen und die Gegenwärtigkeit, im Hier und Jetzt bewusst zu sein. Dahingegen können uns eigene »Vor-Stellungen« den Weg zu einer neuen Erkenntnis versperren und die Sicht und den Zugang zum Eigentlichen verhindern. Für eine wahrhaftige Naturerkenntnis müssen wir mitunter radikal aufräumen mit unseren Vorstellungen!

## Wahrnehmen ohne Bewertung

Ständig bewerten und zensieren wir unsere eigenen Wahrnehmungen. Entspricht das, was wir wahrnehmen, dem, was wir gelernt haben? Entspricht es den Moralvorstellungen unserer Gesellschaft? Dürfen wir das empfinden und denken? Warum denken wir das? Ist das gut, ist das schlecht? Sind wir gut, sind wir böse?

Oft befinden wir uns in einem Zwiespalt zwischen dem, was wir empfinden, und dem, was wir glauben, dass wir es sollten. Wir sind gefangen in diesem Konflikt zwischen Ansprüchen von außen, dem Wissen unseres Verstandes und den eigenen Gefühlen und Gedanken. Doch der schamanische Weg der Erkenntnis funktioniert nur, wenn wir diese Zensur für einen Moment beiseitelassen und uns auf unsere ungefilterte Wahrnehmung konzentrieren.

*»Wahrhaftigkeit ist das Gebot der Zeit!*
*Nur so könnt ihr das Wahre retten.«*

(Der Holunder)

## Das Andere verstehen

Wie empfinden Pflanzen und Tiere Geburt und Tod, jagen und gejagt werden, fressen und gefressen werden? Oft übertragen wir unsere menschlichen Gedanken und Gefühle auf die Erlebenswelt von Pflanzen und Tieren und Vorgänge in der Natur. Wir sollten nie vergessen, dass wir durch unsere Erziehung und die Vorstellungen unserer gegenwärtigen Kultur geprägt sind. Wir müssen offen dafür sein, dass alles vielleicht ganz anders ist, als wir denken. Nur dann können wir eine neue Erkenntnis gewinnen, die unseren bisherigen Horizont erweitert.

Aufmerksam und offen sein für die »Antworten« der andersweltlichen Ebenen der Natur.

## Das Unerwartete erwarten

Im Vorwort zu ihrem Buch »Schamanismus und Tantra in Nepal« haben die Autoren Claudia Müller-Ebeling und Christian Rätsch eindrücklich formuliert, wie wichtig es ist, sich von unseren gängigen Gedankenstrukturen zu befreien:
»Wenn man sich wirklich authentisch mit der Bewusstseinstechnologie Schamanismus beschäftigt, begreift man schnell vier Grundwahrheiten: Man muss das Unglaubliche glauben; man muss sich das Unvorstellbare vorstellen, das Undenkbare denken und das Unerwartete erwarten. Erst dann kann man langsam beginnen zu verstehen.«

## Schreiben im Fluss – den Geist klären

**Diese Übung hilft, sich von ausbremsenden Gedanken zu befreien und sich im Hier und Jetzt ehrlich wahrzunehmen.**

Nehmen Sie sich mehrere Seiten Papier und einen Stift. Setzen Sie sich bequem an einen Ort, wo Sie für ca. 30 Minuten ungestört sein können. Dann beginnen Sie zu schreiben. Schreiben Sie alles auf, was Ihnen »durch den Kopf geht«, ohne Punkt und Komma. Grammatik und Rechtschreibung sind unwichtig, Leserlichkeit ist unbedeutend. Auf Sinn und Zusammenhang kommt es nicht an. Es kommt darauf an, im Fluss zu bleiben und ehrlich zu sein. Wenn Ihnen gerade nichts einfällt, dann schreiben Sie, dass Ihnen gerade nichts einfällt. Sie werden sehen, dass im nächsten Moment dann ein neuer Gedanke auftaucht.

Vermutlich werden Sie sich nach dieser Übung erleichtert und gereinigt fühlen. Vielleicht möchten Sie Ihren Text später noch einmal lesen, vermutlich eher nicht. Entsorgen Sie die Papiere einfach. Wiederholen Sie diese Übung regelmäßig eine Zeit lang und nutzen Sie sie immer mal wieder, wenn Sie Bedarf nach dieser Form von Reinigung Ihrer Gedanken haben. Eine gute Tageszeit dafür ist morgens, noch bevor Sie Ihr Tagwerk beginnen, oder auch abends, bevor Sie Ihre Ruhephase antreten.

## Der Fluss der Gedanken – in Kontakt mit der Natur

**Wenn Sie das »Schreiben im Fluss« eine Zeit lang geübt haben, können Sie es für Ihre Naturbeobachtungen nutzen. Dies ist ein weiterer Schritt auf dem Weg zu einer wahrhaftigen Begegnung mit der sichtbaren und der unsichtbaren Natur.**

Nehmen Sie Ihr Notizbuch, gehen Sie hinaus und suchen Sie sich etwas, was Sie betrachten möchten: eine Pflanze, einen Baum, ein Tier, einen Ort, die Aussicht auf eine Landschaft … Setzen Sie sich hin und nehmen Sie sich ca. eine halbe Stunde Zeit. Schreiben Sie alles auf, was Sie sehen, hören und fühlen, was Sie dabei empfinden und welche Gedanken Ihnen dabei in den Sinn kommen.

Bei dieser Übung sollten Sie sich die Zeit nehmen, die Sätze einigermaßen sinnvoll zu formulieren und auszuschreiben, damit Sie auch später noch von Ihren Aufzeichnungen profitieren können. Doch nehmen Sie sich alle Freiheit, um auszudrücken, was mit und in Ihnen vorgeht: Schreiben Sie z. B. mal groß, mal klein oder zeichnen Sie etwas dazu. Wichtig ist, dass Sie dabei ganz ehrlich mit Ihren Wahrnehmungen und Empfindungen sind – auch wenn diese Ihnen vielleicht nicht gefallen oder Sie denken, sie könnten anderen nicht gefallen. Dies ist nur Ihr Buch, es ist Ihre geheime Zwiesprache mit der Natur – mit der äußeren Natur und mit Ihrer eigenen inneren Natur, Ihrem Wesenskern.

Wenn Ihnen etwas Besonderes im Außen auffällt, fragen Sie sich immer wieder auch:
• Was bedeutet das für mich?
• Was macht es mit mir?
• Warum gefällt es mir oder missfällt es mir?
• Erinnert es mich an etwas?

**Den Geist zu klären schafft Platz für neue Gedanken.**

# Unsere Beziehung zur Natur

Wenn wir uns mit der schamanischen Sichtweise auf die Natur beschäftigen, müssen wir uns auch klarmachen, was unser eigenes Bild von der Natur ist. Was ist eigentlich Natur? Und wie ist unser Verhältnis als Mensch zur Natur?

*»Die Natur wird sich ihrer selbst bewusst durch unser Sein.«*

(Christian Rätsch)

Die Natur scheint außerhalb von uns zu sein, gerne reden wir davon, »in die Natur zu gehen«. Meist verwenden wir den Begriff »Natur« für Dinge, die vom menschlichen Schaffen wenig beeinflusst sind. Zum Beispiel betreiben wir »Naturschutz«, indem wir menschliche Einflüsse von der Natur fernhalten. Daran wird deutlich, dass da etwas ist, das wir als getrennt empfinden zwischen uns und der Natur.

Die meisten Beschreibungs- und Definitionsversuche zur Natur sind kompliziert und umfangreich und ranken sich vor allem um diese Frage: Ob der Mensch, seine Techniken und seine Kultur zur Natur gehören oder nicht. Unklarheit bestimmt uns also im Umgang mit der Natur: Welche Rolle spielt unser Leben in dieser Welt, die wir mit anderen Lebewesen und Wesenheiten teilen?

# Die Natur ohne uns?

Wer kennt ihn nicht, diesen Spruch: »Die Natur kann auch gut ohne uns sein, aber wir können nicht ohne die Natur existieren.« Vor allem Menschen, die der Natur achtsam begegnen und sie bewahren wollen, wiederholen ihn gerne, und alle nicken zustimmend. Doch wir sollten uns diesen Satz genau ansehen: Er erinnert uns daran, wie abhängig wir sind von der Natur. Er weist darauf hin, wie klein und unbedeutend der Mensch ist im Verhältnis zu anderen Naturkräften. Er fordert uns auf, eine respektvolle und demütige Haltung gegenüber der Natur einzunehmen. Und: Er beschreibt unser Gefühl, schmerzhaft vom Rest der Natur getrennt zu sein. Viele Menschen haben Schuldgefühle gegenüber der Natur und das Gefühl, diese Trennung verdient zu haben. Damit ist dieser Satz nicht wirklich geeignet, ein liebevolles Miteinander zu begründen. Zudem: Wenn wir uns Menschen als Teil der Natur sehen, ergibt die Formulierung dieses Satzes keinen Sinn.

## Der Einfluss der Menschen auf die Natur

Wenn wir uns den heutigen Zustand der Erde, der »Natur«, ansehen, müssen wir auch erkennen, dass der Mensch gewaltigen Einfluss auf die Natur hat. So gewaltig, dass unser Erdzeitalter sogar als »Anthropozän« bezeichnet wird. Denn im Unterschied zu anderen geochronologischen Epochen wird die Erde heute maßgeblich durch Einflüsse des Menschen gestaltet. Und daran sieht man auch, wie viel Schönes der Mensch gestalten könnte – zusammen mit der Natur!

*»Das erfülltere Leben entwickelt sich darauf hin zu, so zu leben wie der erste Mensch einer neuen Erdepoche. Wie der erste Gast einer Feier, zu der erst vor ein paar Minuten die Türen aufgegangen sind. Wie einer von sieben Milliarden Gastgebern, der sich am Buffet zurückhält, aber für eine gute Atmosphäre sorgt. Der Weltaufgang hat erst begonnen.«*

(Christian Schwägerl)

# Anthropozän – Menschenzeit

Der Chemie-Nobelpreisträger Paul J. Crutzen veröffentlichte im Jahr 2000 die Idee, ein neues Erdzeitalter als »Anthropozän« zu bezeichnen, in dem der Mensch maßgeblich die Erde prägt und so zu einem geologischen Faktor geworden sei. Der Biologe und Wissenschaftsjournalist Christian Schwägerl hat in seinem Buch »Menschenzeit« diesen Vorschlag aufgegriffen. Dabei ist es ihm wichtig, zu betonen, dass wir diesen Begriff nicht nur zur Beschreibung des gegenwärtigen Zustands benutzen sollten, sondern auch, um die daraus resultierende Verantwortung und die Möglichkeiten der Gestaltung zu erkennen. Wir Menschen sollten uns auf der Erde nicht so verhalten wie der letzte Gast auf einer Party, sondern wie der erste!

Zum Schutz »von Natur und Landschaft« wird oft der Einfluss des Menschen reduziert.

## An die Göttin Natura

In den orphischen Hymnen (vermutlich aus dem 2. Jh. n. Chr.) findet sich eine Anrufung an die Göttin Natura:

*»Natur, du allerzeugende Göttin,*
*Mutter, reich an Erfindung,*
*Ehrwürdige, Himmlische,*
*Göttin der Völker,*
*Herrin, Allmächtige, Unbezwungene,*
*Allen sichtbare Lenkerin! [...]*
*Des Wachstums fruchtbare Nährerin,*
*Löserin alles Gereiften,*
*Aller Dinge Vater bist du,*
*bist Mutter, Nahrung und Amme [...]*
*Alles bist du! Du allein*
*bist ja aller bewegender Ursprung.*
*Göttin, ich flehe zu dir in den heiligen*
*Stunden*
*Mit der gesegneten Schar:*
*Allen gib Frieden, Gesundheit und*
*Wachstum!«*

(Orpheus)

Vielleicht kann die Natur auch ohne uns, doch sie will es nicht? Vielleicht sind unsere Fehler Teil eines Prozesses? Vielleicht haben wir Menschen doch eine besondere Aufgabe, als Spezies Mensch die Erde zu pflegen oder auch »Das Auge des Universums« zu sein?

## Natura – die Große Göttin

Im Schamanismus ist es einfach: Die Natur ist alles und wir sind ein Teil davon. Wenn wir im schamanischen Sinne denken, brauchen wir uns über den oben genannten Spruch keine Gedanken zu machen und können uns auf unser respekt- und liebevolles Verhältnis mit der Natur konzentrieren.

Wenn wir heute neue Ideen für unser Verhältnis zur Natur entwickeln wollen, können wir auch zurückschauen auf Überlieferungen aus der Geschichte der europäischen Kultur. Hier zeigt sich die Natur als die Große Göttin, die alles hervorbringt, alles erhält und alles zerstört.

## Die Natur ist alles – und wir ein Teil davon

Doch wie fühlen wir uns als Teil der Natur? Fühlen wir uns wohl dabei? Fühlen wir uns zu Hause in der Natur oder fühlen wir uns ausgeschlossen? Haben wir ein schlechtes Gewissen? Stören wir? Können wir aufhören zu beobachten und einfach miteinander sein? Im Umgang mit der Natur ist das Gefühl des Getrenntseins für uns zumeist verbunden mit dem Gefühl der Schuld.

Immer wieder wird uns vor Augen geführt, dass wir uns mit fast all unseren Handlungen schuldig machen, selbst wenn es um die Erfüllung elementarer Bedürfnisse geht: Nahrung und Kleidung kaufen, Wohnräume bauen, einrichten, sich pflegen, sich bewegen (Auto fahren, mit dem Flugzeug reisen), das Leben genießen (essen, rauchen, fröhlich sein, faul sein etc.). Die Mehrzahl der Produkte sowie viele Techniken, die wir verwenden, schaden der Umwelt und unserer Gesundheit und oftmals beuten sie auch noch andere Menschen aus.

Nie können wir uns geborgen fühlen, genährt von einer »Mutter Erde«, der auch wir durch unser Leben alle Ehre machen.

Ein Versöhnungsritual mit der Natur kann neue Kräfte freisetzen.

## Versöhnung mit Mutter Erde

Glücklich zu sein bedeutet »heil sein«, »ganz sein«, also auch das Verbundensein mit der allumfassenden Natur. Möglicherweise sind viele Krankheiten, die heute unsere Gesellschaft so prägen, wie zum Beispiel Autoimmunkrankheiten, Allergien und »Burn-out« unter anderem auch begründet durch unsere Schuldgefühle und die fehlende liebevolle Anbindung an unsere ursprüngliche Lebensquelle. Wie kommen wir wieder zu einem gesunden Naturbewusstsein? Wie können wir wieder zu Formen wirklicher Kooperation mit der Natur finden, die auch für unsere eigene, innere Natur heilsam sind? Ist die Natur uns tatsächlich böse? Rächt sie sich, wie es angesichts von Naturkatastrophen oft behauptet wird? Was wünscht sie sich von uns? Wir sollten die Antworten nicht wieder einmal im Denken *über* die Natur suchen, sondern im Kontakt *mit* der Natur.

## *Meine Natur*

In unserer westlichen Zivilisation wird heute viel darüber diskutiert, ob der Mensch Teil der Natur ist oder nicht. Wie empfinden Sie das?

**Machen Sie sich bewusst, wo Sie Grenzen setzen zwischen Mensch, Technik und Natur.**

## *Versöhnungsritual*

**Wie reagiert die Natur, wenn wir uns mit einer respektvollen Haltung nähern, wenn wir freundschaftlichen Kontakt suchen? Diese Übung dient**

**Wie wundervoll ist es, die Schönheit der Natur genießen zu können!**

dazu, eine gute Basis für eine (neue) Zusammenarbeit mit der Natur zu finden.

Machen Sie einen Spaziergang und gehen Sie dabei der Frage nach: »Wie fühle ich mich als Teil der Natur: Gut? Schlecht? Schuldig? Gestaltend? Zerstörend? Heilend?« Suchen Sie sich einen schönen Baum an einem ruhigen Ort, wo Sie Ihren Gefühlen freien Lauf lassen können. Stellen Sie sich mit dem Rücken an den Stamm. Machen Sie die Augen zu und fühlen Sie, wie sich die Begegnung mit dem Baum anfühlt. Wenn Sie möchten, drehen Sie sich um, umarmen den Baum, schauen ihn an, gehen in Zwiesprache mit ihm. Erzählen Sie ihm von Ihren Gefühlen, Ihren Fragen und Ihren Wünschen für Ihr Verhältnis mit der Natur. Fragen Sie den Baum, ob er sich etwas wünscht von Ihnen. Und hören Sie genau hin! Vergessen Sie in diesem Moment alle Gedanken, die Sie je zu diesem Thema hatten. Jetzt zählt nur dieser Moment und Ihr Gefühl! Verbringen Sie so viel Zeit mit dem Baum, wie Sie möchten. Bedanken Sie sich. Vielleicht möchten Sie dem Baum etwas schenken (siehe auch Kapitel »Dankbarkeit«, Seite 104)? Verabschieden Sie sich.

Hat diese Übung Ihre Beziehung zur Natur verändert? Wenn Sie möchten, wiederholen Sie die Übung von Zeit zu Zeit, bis Sie wirklich spüren, dass eine neue Basis für etwas gutes Gemeinsames geschaffen wurde.

*»Durch die Erfahrung von Güte*
*kann Heilung geschehen.«*

## Die Güte der Natur

Bei meinen Wahrnehmungsübungen mit Pflanzen ist mir immer wieder die »Güte« begegnet. Das hat mich sehr zum Nachdenken gebracht: Güte ist ein Wort, das aus unserem Sprachschatz nahezu verschwunden ist. Dabei hat es erstaunlich angenehme Wirkungen auf mich: Wie ist es, wenn ich Güte erfahre? Mir wird der Freiraum gegeben, ein-

fach zu sein: So wie ich bin, mit allen meinen Unzulänglichkeiten und Fehlern, ohne dass ich beurteilt oder verurteilt werde. Mir wird vergeben, ich darf aus meinen Fehlern lernen und mich entwickeln. Dieses Gefühl hat mich sehr beeindruckt, entspannt und erleichtert. Selbstverständlich spricht es uns nicht von unserer Verantwortung frei, aus unseren Fehlern zu lernen und unser Verhalten zu ändern!

*»Wir können das Sein genießen,*
*in dem Bewusstsein, dass wir Natur sind,*
*dass wir eingebunden sind in dieses*
*phantastische, bezaubernde und wunder-*
*volle Mysterium, das wir Leben nennen!«*

Wie reagiert die Natur, wenn wir uns ihr freundlich und respektvoll nähern?

Die wundervollen Blütenknospen der Esche – kein Wunder, dass unsere Vorfahren ihr magische Kräfte zuschrieben.

## Namaste

Die im asiatischen Raum gängige Grußformel »Namaste!« bedeutet so viel wie: »Ich grüße das Göttliche in dir!« Ich verwende sie auch gerne, um meine Verehrung und meinen Dank gegenüber der Natur und den Pflanzengeistern auszudrücken.

## Begegnung mit der Esche *(Fraxinus excelsior* L.) – aus meinem Pflanzentagebuch

Ich habe mir einen Platz mit Eschen gesucht. Habe gestern zum ersten Mal ihre Blüten entdeckt und bin fasziniert von den opulenten, lila Blütenständen.

»Liebe Esche,
ich möchte so gerne mehr über dich wissen, deine Eigenheiten, deine Kräfte. Magst du mir etwas über dich erzählen? Mich dich spüren lassen?« Ich lehne mich an ihren Stamm. Es wird hell, obwohl ich die Augen geschlossen habe.
Zunächst taucht ein Gefühl auf: Bei ihr kann ich Kind sein ohne Strafen.
Kann sein mit allen Facetten, die ich bin. Gut und schlecht, was ist das schon? Es existiert hier nicht, nur das Sein.
Die Esche erscheint mir wie eine Mutter. Ich sehe in ihr ein großes Vorbild. Sie ist so fein, so kräftig, so würdig. So schön. So freundlich.
»Warum fällt es uns so schwer, sich Gutes zu tun?«
*»Weil ihr der Illusion der Trennung verfallen seid, aus Hochmut. Deshalb glaubt ihr, leiden zu müssen, kämpfen zu müssen gegen etwas, das ihr eigentlich selbst seid – die Natur im außen und die Natur im innen. Manche tun das mehr, manche weniger. Die Einheit verloren habt ihr alle.«*
»Wie können wir sie wiedererlangen?«
*»Indem ihr euch selbst Gutes tut. Indem ihr euch freundlich gesinnt seid. Man kann in kleinen Schritten anfangen. Üben. Und das heißt nicht: Schokolade und Faulenzen. Sondern das wahre Ich, die wahren Wünsche entdecken. Was tut dir wirklich gut? Ist es nicht unglaublich, dass es euch so schwerfällt, diese Frage zu beantworten? Weil ihr gar nicht glaubt, nicht im Entferntesten, dass es euch gut gehen könnte! Ihr habt sogar das Träumen und das wahre Sehnen verlernt! Andere bestimmen, »was ihr wollt«!«*
»Kannst du dabei helfen, das Träumen wieder zu lernen? Das Ich wiederzuentdecken?«
*»Ja! Denn in meiner Geborgenheit lernt ihr wieder zu lieben. Zu sein. Liebend zu sein. Geliebt zu sein. Das ist der erste Schritt. Dieses Gefühl ist sehr bedeutsam!«*
Danke! Namaste!

Was für ein Baum! Lichtes Blattwerk bei einer stattlichen Größe machen die Esche zu einer beeindruckenden Erscheinung.

# Die Pforten der Wahrnehmung

In schamanischen Kulturen sind die Veränderung der Wahrnehmung und des Bewusstseins von großer Bedeutung. Sie dienen der Erkenntnis und dem Austausch mit den Wesen anderer Wirklichkeiten.

Eines Tages erklärten mir die Pflanzendevas (siehe auch Seite 80): *»Die Wahrnehmung verändert das Bewusstsein und mit verändertem Bewusstsein zu handeln, verändert auch die Wirklichkeit.«* Auf meine Frage: »Welche Wirklichkeit?«, erhielt ich die Antwort *»Eure. Siehe das Wort: es kommt von Wirken!«*

*»Ohne Wahrnehmung ist nichts wert.*
*Keine Wertschätzung, keine Schätze.*
*Nur Suche. Ohne Finden.*
*Ohne Ankommen. Ohne Sein.*
*Glücklich sein kann man nur*
*im Hinschauen – im Wahrnehmen.«*

(Der Holunder)

## Wahrnehmung wertschätzen

Wenn wir unsere Wahrnehmung schulen, können wir dadurch Großes bewirken! Wahr-nehmen ist ein aktiver Prozess. Stets wählen wir aus einer Vielzahl von Reizen, die uns umgeben, einige wenige aus, die uns bewusst werden bzw. denen wir Beachtung schenken. Und so sagt das, was wir im Außen wahrnehmen, immer auch etwas über uns selbst aus. Für uns heute ist es sehr wichtig, die ganz einfachen Wahrnehmungsmöglichkeiten wieder zu trainieren! Denn: Der eigenen »Wahrnehmung« Bedeutung zu schenken, haben wir größtenteils verlernt. Wir sind es gewohnt, dass andere uns sagen, was uns guttut und was nicht. Unser eigenes Empfinden spielt nur selten eine Rolle. Dabei sind unsere Gefühle das Wertvollste, das wir haben. Sie sind unser eigenes Messinstrument für unser Wohlbefinden.

## Mit unseren Sinnen lernen

Allein das Sehen, Hören, Riechen, Fühlen und Tasten sind wundervolle Möglichkeiten, um die Natur wahrzunehmen. Etwas wahrzunehmen heißt, etwas mit seinen Eigenschaften zu erkennen. Gleichzeitig macht diese Wahrnehmung etwas mit uns, sie löst etwas in uns aus. Und so erhält das Gegenüber eine Bedeutung für uns.

## Ablauf einer bewussten Wahrnehmung

**Erkennen der Eigenschaften mithilfe der fünf Sinne.
Beschreiben dessen, was erkannt wird:**
- in Worte fassen, dabei helfen oft Vergleiche: »Das sieht aus wie…, schmeckt/riecht wie…, fühlt/hört sich an wie …«.
- in Zeichnungen oder Bilder umsetzen.
- in Musik umsetzen.
- in Bewegung umsetzen.

**Erkennen, was die Wahrnehmung des Äußeren im eigenen Inneren auslöst, z.B. :**
- Gefühle (es ist angenehm, unangenehm, schön, schrecklich, liebevoll, löst aus/ist verbunden mit Trauer, Freude, Wut, Ekel, Furcht, Überraschung, Vertrauen…)
- Körperliche Veränderungen (mir wird warm oder kalt, ich werde wach oder müde, aufgeregt oder entspannt etc.)
- Gedanken, Erinnerungen, Bilder, Vergleiche, die entstehen

## Pflanzen der Götter

»Die Pforten der Wahrnehmung« ist der Titel eines berühmten Buches des englischen Schriftstellers Aldous Huxley (1894-1963). Darin beschreibt er seine Erfahrungen nach der Einnahme von Meskalin. Es ist ein interessanter Bericht darüber, wie sich unsere Wahrnehmung verschieben und erweitern und dann zu völlig neuen Sichtweisen auf die Welt führen kann. Meskalin ist eine psychoaktive Substanz aus dem Peyote-Kaktus (*Lophophora williamsii*). Peyote wird von den Huichol, einem mexikanischen Volksstamm, seit Urzeiten einmal jährlich im Rahmen einer Pilgerreise »gejagt« und dann zu Festen und für Heilzeremonien gebraucht. Der Peyote ist für sie ein Vermittler des Göttlichen — er führt sie zurück zum Ursprung allen Seins.

**Dieses Original-Perlenbild der Huichol zeigt den Peyotekaktus und die Hirsche, die mit der zeremoniellen »Jagd« nach ihm verbunden sind.**

Der Subjektivität unserer Wahrnehmungen sollten wir uns stets bewusst sein. Unser ganz eigenes, persönliches Empfinden von Reizen, die wir wahrnehmen, und die Erkenntnisse, die wir daraus gewinnen, haben nur Gültigkeit für uns selbst. Sie sind nicht unbedingt übertragbar auf andere Menschen!

> *»Wahrnehmung der schöpferischen Lebensenergie in allen Daseinsphänomenen ist das innerste Wesen des Schamanentums […].«*
>
> (Holger Kalweit)

Durch die folgenden Übungen werden Ihnen die Pflanzen, mit denen Sie sich beschäftigen, vertrauter – genauso wie

Ihre eigenen Gefühle. Es ist eine erste Form der Kontaktaufnahme mit diesen Pflanzen. Vielleicht werden Sie an dieser Stelle schon bemerken, dass nicht nur wir die Natur wahrnehmen, sondern auch die Natur uns wahrnimmt! Und manchmal antwortet sie auf unsere Aufmerksamkeit …

## Das Schauen der Formen

Diese Übung sensibilisiert Sie für die Vielfalt der Natur und für die Wirkung von Symbolen. Es ist der erste Schritt, die Signaturenlehre (siehe Seite 52) zu verstehen und nutzen zu können. Damit lernen Sie auch, die Wirkung von Symbolen für sich selbst bewusst einsetzen zu können.

Allein die Form der Blätter sagt uns viel über den Charakter einer Pflanze.

Gehen Sie in die Natur. Achten Sie auf die unterschiedlichen Formen von Blättern, die Sie an verschiedenen Pflanzen finden können.

Skizzieren oder zeichnen Sie die Form des Blattes in Ihr Notizbuch.

Beschreiben Sie die Form mit Ihren Worten. Ist das Blatt einfach oder mehrteilig? Ist es länglich-lanzettlich oder rundlich, gefingert oder gefiedert? Ist der Blattrand scharf gesägt oder rundlich gekerbt usw.? Finden Sie Vergleiche: Sieht das Blatt aus wie eine Hand, wie ein Herz, wie ein Pfeil oder wie eine Feder?

Schreiben Sie auf, was diese Form in Ihnen auslöst: Erinnert sie Sie an etwas anderes? Wie empfinden Sie die Form?

Löst diese Beschäftigung mit der Pflanze in Ihnen Gefühle oder Körperwahrnehmungen aus? Schreiben Sie so viel Adjektive oder auch Gedanken auf, wie Ihnen dazu einfallen.

Betrachten Sie auf diese Art mindestens fünf verschiedene Blattformen, besser zehn oder auch 20. Vergleichen Sie die unterschiedlichen Formen und die Wirkungen, die sie auf Sie haben.

## Das Schauen der Farben

Dies ist eine weitere Übung, um sich über die Wirkung unseres Sehsinns bewusst zu werden und die eigenen Gefühle mehr wertschätzen zu lernen. Es gibt viele Bücher über die Bedeutung der Farben. Vergessen Sie für diese Übung alles, was Sie je darüber gehört oder gelesen haben. Hier geht es um Ihre eigene, vollkommen subjektive Wahrnehmung!

Gehen Sie in die Natur. Achten Sie diesmal auf verschiedene Farben, die Ihnen an Pflanzen begegnen. Das können sowohl Abstufungen einer Farbe sein, z. B. hell-, mittel- und dunkelgrün, gelbgrün oder blaugrün, als auch die ganz unterschiedlichen Farben wie Rot, Weiß und Blau.

Schreiben Sie in Ihr Notizbuch, wie Sie die Farben beschreiben und was diese Farben in Ihnen auslösen. Seien Sie ganz aufmerksam für Ihre Gefühle in dieser Zwiesprache mit der Natur.

Betrachten Sie auf diese Art mindestens fünf verschiedene Farben und ebenso viele Abstufungen mindestens einer Farbe.

Machen Sie sich am Ende der Übung noch einmal klar, welche Farben welche Wirkungen in Ihnen ausgelöst haben.

Entwickeln Sie Ideen, wie Sie diese Erkenntnisse nutzen können, z. B. indem Sie sich mit bestimmten Farben umgeben, wenn Sie deren Wirkung gut gebrauchen können.

Farben haben eine subtile Wirkung auf uns. Auch sie helfen uns, das Wesen einer Pflanze zu erspüren.

## Vom Riechen, Schmecken und Fühlen

Weitere Übungen können Sie mit den übrigen Sinnen durchführen, indem Sie sich vornehmen, auf verschiedene Gerüche zu achten, auf den Geschmack ungiftiger (!) Pflanzenteile und darauf, wie Dinge in der Natur sich anfühlen. Versuchen Sie zunächst, einzelne Sinne isoliert zu beachten. In einem weiteren Schritt können Sie sich selbst dabei beobachten, wie die Wahrnehmung verschiedener Sinnenreize zusammenspielt. Es wird Ihnen beispielsweise recht schwerfallen, die Bedeutung der Form der Blätter zu erkunden und dabei die Farbe der Blätter unbeachtet zu lassen usw. Wenn Sie solche Übungen an einem anderen Tag wiederholen, werden Sie vielleicht andere Bedeutungen zu den

Formen, Farben oder Gerüchen finden. Je nach Ihrer Ausgangssituation lösen die Dinge andere Gefühle in Ihnen aus. Machen Sie eine solche Übung auch einmal mit einem anderen Menschen zusammen und tauschen Sie sich über Ihre Bedeutungen aus. Sie werden dann bemerken, wie unterschiedlich unsere Wahrnehmungen sind. Und Sie werden auch feststellen, dass einige Dinge doch einen – zumindest für unsere Kultur – allgemeingültigen Charakter haben können.

## *Achtsames Teetrinken*

**Kochen Sie sich einen Kräutertee von nur einer Pflanze, am besten eine, die Sie häufig verwenden, z. B. Kamillenblüten, Zitronenmelissen-, Birken-, Brombeer- oder Pfefferminzblätter, Schafgarben-, Ackerschachtelhalm- oder Haferkraut. Verwenden Sie keine Teebeutel, sondern lose Pflanzenteile.**

Nehmen Sie sich ausreichend Zeit für diese Übung. Beobachten Sie schon bei der Zubereitung das Pflanzenmaterial: Wie sieht es aus, wie fällt es in die Kanne, wie quillt es auf, wie riecht es etc.?

Trinken Sie den Tee langsam schluckweise und achten Sie genau darauf: Wie schmeckt der Tee, welche Wirkung hat er auf Sie: körperlich, geistig, seelisch? Wird Ihnen warm oder kalt, werden Sie ruhiger oder unruhiger etc.? Tauchen Bilder oder Gedanken oder Eingebungen in Ihrem Kopf auf? Denken Sie nicht an das, was Sie über diese Pflanze oder über die Wirkungen dieses Tees wissen, sondern bleiben Sie immer in Ihrer »Hier & Jetzt«-Wahrnehmung! Protokollieren Sie alles in Ihrem Buch.

Dies ist eine weitere Übung für Ihre wahrhaftige Wahrnehmung. Doch werden Sie vielleicht auch feststellen, dass sich die Wirkung Ihres Tees durch diese Übung für Sie verändert, dass Ihre Beziehung zu dieser Pflanze sich verändert. Die hier gewonnenen Erfahrungen können Sie nutzen, um ganz gezielt ein Heilungsritual aus der Teezeremonie zu gestalten (siehe auch Kapitel »Die Kraft der Verbindung«, Seite 130).

Achtsamkeit in der Zubereitung und Anwendung erhöht die Heilwirkung der Pflanzen.

## Alles eine Frage der Perspektive

Die verschiedenen Wahrnehmungsmöglichkeiten zu trainieren hilft uns auch zu erkennen, dass es nicht nur eine Wahrheit gibt. Im Schamanismus existieren Gut und Böse nicht als absolute Werte. Was für den einen gut ist, kann für den anderen schlecht sein und umgekehrt. Die Dinge von möglichst vielen Seiten zu betrachten hilft uns, sie in ihrer Ganzheit wahrzunehmen und unseren eigenen Horizont immer wieder zu erweitern.

Die Perspektive zu wechseln kann ein wichtiges Element einer Heilung sein. Wenn eine Krankheit da ist, scheint eine Wandlung nötig. Eine neue Sichtweise zu einem alten Problem zu finden kann der entscheidende Schritt sein! Die eigene Flexibilität in der Wahrnehmung zu üben, könnte man auch als Prophylaxe betreiben, um gesund zu bleiben.

## *Neue Sichtweisen gewinnen*

**Etwas von möglichst vielen Seiten zu betrachten hilft uns, es in seiner Ganzheit wahrzunehmen.**

Betrachten Sie eine Pflanze, die nicht größer ist als Sie selbst. Schauen Sie sie zunächst von der Seite an und achten Sie aufmerksam auf alles, was Sie wahrnehmen können. Schreiben Sie auf, was es ist und welche Wirkung es auf Sie hat. Dann betrachten Sie die Pflanze einmal von oben und einmal von unten. Zuletzt stellen Sie sich vor, Sie wären eine kleine Elfe, die in der Pflanze von Blatt zu Blatt hüpfen kann. Wie erleben Sie die Pflanze jetzt? Betrachten Sie abschließend alle Ihre Aufzeichnungen im Zusammenhang.

**Weidenkätzchen – manche Pflanzen lösen auch eindrucksvolle Gefühlserlebnisse in uns aus.**

# Die Natur der Dinge

Die Zeichen der Natur zu deuten war für unsere Vorfahren ein wichtiger Weg der Erkenntnis. Ihre Methoden der »Natur-Schau« nutzten sie zum Beispiel für das Erkennen der Heilkräfte von Pflanzen und Tieren sowie für das Orakel.

*»Die Erfahrung, dass eins dem anderen entspricht, ist das bizarre schamanische Analogie- oder Symmetrieuniversum.«*

(Holger Kalweit)

Grundlage des schamanischen Weltbildes ist die Erkenntnis, dass alles mit allem verbunden ist. Die Signaturenlehre (siehe auch Seite 52) und die Mythen vermitteln uns große Weisheiten unserer Vorfahren über die grundlegenden Kräfte und Funktionen der Natur und ihre Beziehungen untereinander.

Unser Weltbild heute ist ein anderes geworden: Wir suchen weniger nach Gemeinsamkeiten, Entsprechungen und Verbindungen zwischen Göttern, Menschen, Pflanzen und Tieren. Vielmehr sind wir es gewohnt, die Erscheinungen getrennt voneinander zu betrachten und daher anders zu sortieren. Auch hier zeigt sich das Motiv des Getrennt-Seins von Mensch und Umwelt.

Wenn wir das Analogiedenken und die Signaturenlehre einmal verstanden haben, können wir sie auf alles anwenden, was existiert. Dann können wir aus der Beobachtung der Natur sehr viel lernen, indem wir das Beobachtete auf andere Erlebensräume übertragen.

## Analogiedenken

Die Signaturenlehre und die Arbeit mit Symbolen beruhen auf dem Analogiedenken — dem Denken in Entsprechungen. Es ist eine sehr alte Form des Denkens, vermutlich so archaisch wie der Schamanismus selbst. Beim Analogiedenken schaut man stets nach vergleichbaren Dingen in verschiedenen Systemen. Die Entsprechungen, die sich finden lassen, werden dabei als Variationen ein und desselben Themas verstanden. Ein Beispiel: Der Frühling hat für den Verlauf des Jahres eine vergleichbare Qualität wie der frühe Morgen für den Ablauf eines Tages oder wie die Kindheit im Laufe eines Menschenlebens.

### Grenzen überschreiten – Verbindungen herstellen

Das Analogiedenken übt uns darin, Zusammenhänge herzustellen, die wir normalerweise so nicht herstellen würden. Damit schafft es neue Verbindungen zwischen Mensch und Umwelt und eröffnet uns neue Sichtweisen. Ein Beispiel: Wenn ich an einem Baum wie der Esche (*Fraxinus excelsior* L.) feststellen kann, dass ihr Holz sehr hart und erstaunlicherweise gleichzeitig sehr elastisch ist, kann ich mir überlegen, ob das nicht eine wundervolle Kombination an Eigenschaften auch für einen Menschen sein könnte: sehr kräftig stabil und gleichzeitig flexibel zu sein. Möglicherweise könnte die Esche entsprechende Heilkräfte haben.

Bei der Arbeit mit dieser Denkweise sollte jedoch unbedingt beachtet werden: Das Analogiedenken stellt keine Gesetzmäßigkeiten auf! Es bietet uns lediglich Anregungen, über Dinge nachzudenken.

## Die Macht der Symbole

Bestimmte Formen und Farben lösen in uns Erinnerungen und Assoziationen aus, auch ohne dass uns das immer bewusst ist. So erinnert uns ein vitaler, rotbäckiger Apfel an die Wangen eines gesunden, fröhlichen Kindes oder auch an die verführerischen, weiblichen Rundungen einer schönen Frau. Entsprechend ist der Apfel in den Mythen mit den weiblichen Liebesgöttinnen verbunden und im Volksglauben hieß es: Eine schwangere Frau solle recht viele Äpfel essen, damit sie ein gesundes schönes Kind bekomme. Je mehr wir uns der Kraft der Symbole bewusst sind, desto besser können wir sie auch zu unserem Wohle nutzen, indem wir uns mit für uns hilfreichen Dingen umgeben (siehe Kapitel »Die Kraft der Verbindung«, Seite 130).

Der verführerische Apfel – Attribut der Liebesgöttinnen Freya, Siwa und Aphrodite.

Die folgenden Übungen machen Sie mit dem Analogiedenken vertraut und führen Sie damit zu engeren Beziehungen mit der Natur.

## Die Sprache der Symbole

**Machen Sie sich Gedanken über die Bedeutung gängiger und wichtiger Symbole, z. B. über den Kreis, das Pentagramm oder auch das »Peace«-Zeichen.**
Was vermitteln diese Symbole für Eigenschaften, was wecken sie für Erinnerungen und Assoziationsketten? Notieren Sie sich Ihre Gedanken in Ihrem Buch.

Wenn Sie möchten, lesen Sie hinterher über die Bedeutungen nach und staunen Sie darüber, wie viel Sie selbst herausgefunden haben – einfach durch die aufmerksame Betrachtung und Wahrnehmung.

## Kraftvoll wie ein Baum

**Viele Menschen fühlen sich ganz besonders zu Bäumen hingezogen.**
Welche Eigenschaften hat ein typischer Baum? Was bedeutet Ihnen das? In welchen Situationen in Ihrem Leben können Sie die Symbolkraft eines Baumes gut gebrauchen? Schreiben Sie Ihre Überlegungen auf.

## Sich entfalten – wie eine Pflanze

**Legen oder setzen Sie sich an einen gemütlichen ruhigen Ort, am besten draußen in der Natur. Schließen Sie die Augen und atmen Sie mehrere Male tief ein und aus. Malen Sie sich in inneren Bildern aus, wie eine Pflanze sich entwickelt und wächst:**

Mit welcher Schönheit sich eine Pflanze entwickelt! Ihre Wachstumsphasen können uns Spiegelbild sein für die Entfaltung unserer eigenen Potenziale.

Ein trockener Same trifft auf Wasser. Er quillt und keimt. Die ersten kleinen Keimwürzelchen treten aus, die ersten recht einfach geformten Keimblätter entfalten sich. Der Stängel streckt sich und weitere mehr differenziert geformte Blätter und die Blütenknospe entwickeln sich. Die Blüte öffnet sich, wird vom Wind bestäubt oder von Käfern, Bienen oder Hummeln besucht und befruchtet. Dann schließt sich die Blüte und eine Frucht mit Samen entwickelt sich. Früchte und Samen werden ausgebreitet oder gefressen und so verbreitet. An einem anderen Standort, wo der Same hingelangt ist, kann ein neuer Lebenszyklus beginnen. Die alte Pflanze zieht sich für den Winter zurück oder stirbt ab.

Wenn Sie die Gelegenheit dazu haben: Öffnen Sie die Augen und schauen Sie sich in der Natur um, wie Sie diese Entwicklung an Beispielen beobachten können.

An welchem Punkt der Entwicklung stehen Sie gerade in Ihrem Leben? Sie können diese Überlegung auch auf ein bestimmtes Projekt oder eine bestimmte Beziehung in Ihrem Leben anwenden. Wie könnte die Entwicklung weitergehen? Spielen Sie damit, den Lebenszyklus auf verschiedene Ebenen zu übertragen: Ein ganzes Pflanzenleben können Sie auch auf nur einen Tag, auf ein Jahr oder eine bestimmte Phase in Ihrem Leben beziehen.

## Pflanzen umgeben mich

**Schauen Sie aus Ihrem Fenster. Sehen Sie eine Pflanze? Wie ist diese Pflanze?**
Beschreiben Sie sie. Wenn vor Ihrem Fenster keine Pflanze wächst, schauen Sie im etwas weiteren Umfeld: vor der Haustür, am Gartenzaun etc. Welche Eigenschaften hat diese Pflanze? Könnten Sie diese Eigenschaften auch gut gebrauchen? Können Sie von dieser Pflanze etwas lernen? Vielleicht könnte es Sinn machen, sich ganz bewusst mit bestimmten Eigenschaften dieser Pflanze zu verbinden?

Schnell fließendes Wasser wird dem Merkurprinzip zugeordnet.

## Systeme, die Zeichen zu ordnen

Aus der chinesischen Medizin sind uns die fünf Elemente bekannt: Erde, Feuer, Wasser, Holz und Metall. Aus dem Ayurveda kennen wie die drei Temperamente Kapha, Pitta und Vata. In unserer abendländischen Tradition gibt es drei solcher Zuordnungssysteme:

- das v. a. in der Alchemie gebräuchliche System von Sal, Sulfur und Mercurius
- die vier Elemente, die z. B. in der Säftelehre vorkommen: Erde, Wasser, Feuer, Luft
- das v. a. in der Astrologie und in der Pflanzenheilkunde gebräuchliche System mit den sieben »Planeten«-Archetypen.

## Signaturenlehre

In der Signaturenlehre geht es um die Kunst, die Zeichen der Natur zu deuten (lat. »signum« = Zeichen). Die Zeichen, die wir in der Natur wahrnehmen können, sind zahlreich und die Signaturenlehre hilft, sie zu ordnen. Die Signaturenlehre gilt als Grundlage für die uralten Erkenntnisse der Menschheit über die Wirkungen von Heilpflanzen.

Heute wird die Signaturenlehre vielfach heftig kritisiert und mit vereinfachten Formeln, wie zum Beispiel »blaue Pflanzen sind gut für die Augen« und »herzförmige Pflanzenteile sind gut fürs Herz« als dummer Aberglaube unserer Vorfahren bezeichnet. Doch richtig verstanden, ist die Signaturenlehre ein tief greifender Weg der Erkenntnis, der uns ganz praktisch helfen kann, die Heilwirkungen von Pflanzen sehr weitreichend zu begreifen – viel besser, als das die alleinige Sicht auf ihre Wirkstoffe und ihre pharmakologischen Effekte vermag. Die Signaturenlehre hilft uns, die Natur mit all ihren Erscheinungen zu verstehen, und führt uns damit auch zur Naturphilosophie. Weiterhin kann sie uns ganz praktische Hilfe sein bei verschiedensten Fragen auf dem persönlichen Lebensweg.

## Die sieben Planeten-Archetypen

Die nach den sieben Planeten benannten Prinzipien oder »Archetypen« beschreiben wichtige Grundelemente des Lebens. Als dieses System entstand, waren die weiteren Planeten unseres Sonnensystems noch nicht entdeckt und man zählte auch Mond und Sonne zu den Planeten.

Gemäß der Signaturenlehre besteht alles, was existiert, aus diesen sieben Prinzipien. Dabei kann eine Sache in der Regel nicht nur einem Prinzip zugeordnet werden. Zumeist entdecken wir zum Beispiel an einer Pflanze mehrere dieser Prinzipien in unterschiedlicher Wertigkeit. Die folgende Beschreibung der Planeten-Archetypen bietet eine Grundlage für einen ersten praktischen Einstieg in die Arbeit mit der Signaturenlehre.

**Mond:** Dem Mondprinzip entspricht das Aufsteigen aus der Unterwelt bzw. das Auftauchen aus dem Unbewussten. Der frühe Morgen, der Vorfrühling, die Geburt und die ersten Lebensmonate eines Kindes, das Quellen und Keimen eines Samens, die ungenaue Idee für etwas Neues können ihm zugeordnet werden. Alles ist noch recht ungeformt, wenig differenziert, trüb, milchig, neblig, feucht.

**Merkur:** Dem Merkurprinzip wird alles zugeordnet, was mit Bewegung, Transport und Kommunikation zu tun hat. Merkur verbindet und verwandelt. Merkur ist der

Mit ihren gefiederten Blättern ist das Ruprechtskraut eine stark merkurielle Pflanze. Die zartrosa Blüten sind Zeichen der Venus. Oft ist die Pflanze rot überlaufen: ein Zeichen des Mars.

Frühling, die Kindheit, die Neugier, der Forscherdrang, ein reißender Fluss, ein heftiger Sturm – alles, was sich schnell entwickelt und verändert. Die Götter Loki, Hermes und Merkur sind mythische Gestalten, die uns von diesem Prinzip erzählen.

**Venus:** Venus ist das verbindende Prinzip der Öffnung für das Andere, auch das Umsorgende, Pflegende, Erhaltende, das Prinzip der bedingungslosen Liebe. Zum Venusprinzip gehören Freude, Lust und Schönheit. Es ist das Verführerische, das Weibliche, das Passive.

**Sonne:** Die Sonne ist der strahlende Ursprung und das Zentrum – das Göttliche, das »Alles in sich Vereinende«. Das Sonnenprinzip ist der Höhepunkt, die Mittagszeit, der Mittsommer. Es vermittelt Wärme, Energie, Licht und Erkenntnis.

**Mars:** Mars ist die abwehrende Kraft, die Grenzen setzt, die das Eigene schützt und Raum gibt, sich entwickeln zu können. Das Mars-Prinzip ist kraftvoll bis explosiv. Es ist die Verteidigungskraft, das Männliche, das Aktive.

**Jupiter:** Jupiter ist die Reife, die Erfahrung und die Weisheit. Jupiter ist der Herbst, der die Früchte schenkt, das fortgeschrittene Lebensalter, der Lehrer und der weise Herrscher, der für das Wohlergehen der ihm Nachfolgenden sorgt.

**Saturn:** Saturn ist die harte Prüfung, das Ende, der Tod, der Übergang in eine neue Dimension. Saturn ist die Wüste, das Harte, das Knochige, das Steinige. Ihm entspricht der Rückzug des Fleischlichen, Materiellen in mehr geistige Ebenen.

Die folgenden Übungen machen Sie weiter mit dem Analogiedenken und der Signaturenlehre vertraut und bringen Sie vermutlich zu einigen verblüffenden neuen Erkenntnissen.

## Die Archetypen von Werden und Vergehen

**Ordnen Sie den Planeten-Prinzipien alles zu, was Ihnen dazu einfällt,** z.B. Farben, Zahlen, Berufe, Tages- und Jahreszeiten, Pflanzenteile, Tiere, Landschaften, Körperfunktionen, Charaktereigenschaften an Menschen etc.

## Mein Beruf

**Beschreiben Sie die Tätigkeiten in Ihrer täglichen Arbeit mit möglichst einfachen Worten. Ordnen Sie diese den Planetenarchetypen zu:** Ist es z.B. eine merkurielle Tätigkeit, eine venushafte oder dem Marsprinzip zugehörige?

Überlegen Sie, welchem Beruf ihr Beruf in einer anderen Zeit oder Kultur entsprochen hätte bzw. entsprechen würde.

## Das kosmische Fußballspiel

**Machen Sie sich klar, wer und was alles an einem Fußballspiel beteiligt sind,** also z.B. der Trainer, der Torwart, die Abwehr, der Mittelfeldspieler, aber auch der Ball, das Fußballfeld, die Fans, der Mannschafts-Manager, der Trikot-Designer, der Sportarzt …

Welche Position oder Funktion würden Sie selbst am liebsten einnehmen oder bewundern Sie am meisten? Ordnen Sie all diese Beteiligten den sieben Planeten-Archetypen zu. Was sagt Ihnen das generell über den Charakter eines Fußballspiels? Was sagt Ihnen das über Ihre eigenen Vorlieben bzw. Interessen?

**Das Sonnenprinzip vermittelt uns Freude, Wärme und Energie.**

## Die Weisheit der Mythen

Mythen sind Erzählungen, die das Weltbild einer Kultur zum Ausdruck bringen. Sie erzählen meist von den »Abenteuern«, die die Götter erleben, oft auch von den Verbindungen des Lebens der Menschen mit der Welt der Götter. Mythen sind Erklärungsmodelle für die großen Fragen des Lebens. Sie beschreiben die Erscheinungen der Natur und ihre vielfältigen Beziehungen untereinander.

### Antworten auf die Fragen des Lebens

Mythen erzählen uns oft von einer ganz anderen Sichtweise auf die Welt. Nicht nur, weil sie aus einer anderen Zeit stammen, sondern vor allem, weil sie uns eine Sicht auf die Welt vermitteln, die weniger bewertet, als wir es heute gewohnt sind. Die schamanische Weltsicht ist nicht dualistisch, sondern beruht auf einem polaren Denken: Es geht nicht um ein Entweder-oder, sondern um ein Sowohl-als-auch. Mythen schildern uns oft sehr komplexe Beziehungen. Von den meisten mythischen Geschichten gibt es mehrere unterschiedliche Versionen. Das alles macht es uns heute oft nicht leicht, sie zu verstehen. Sie halten jedoch viel Weisheit für uns bereit und bieten uns die Möglichkeit, das schamanische Denken wieder zu lernen.

Aus den Mythen können wir viele wertvolle Gedankenanregungen entnehmen, um unser eigenes Leben zu überdenken und neue Perspektiven für unsere Lebenssituation zu gewinnen.

Eine besonders interessante Mythe ist die von dem Wundheiler Achilles. Deshalb möchte ich Sie auf der nächsten Seite zu einer Räucherreise mit dieser Mythe und der Schafgarbe einladen.

# Göttinnen und Götter

Die Göttergestalten, die uns in den Mythen der Welt überliefert sind, können wir als personifizierte Beschreibungen von elementaren Kräften der Natur verstehen. Die Mythen zeugen davon, dass unsere Vorfahren diese aufmerksam wahrgenommen und ihnen große Bedeutung beigemessen haben. Die Mythologien der Griechen, der Römer, der Germanen, Kelten und Slawen können uns viel lehren über das heidnisch-schamanische Weltbild unserer Vorfahren in Europa.

Ein Beispiel: Eine griechische Mythe erzählt uns, dass der Kriegsgott Ares (Mars) und die Liebesgöttin Aphrodite (Venus) gemeinsam eine Tochter zeugen — mit dem schönen Namen »Harmonia«.

Venus verkörpert das Prinzip der Lust, der Hingabe, der Lebensfreude, der Heilung und auch der bedingungslosen Liebe.

# Achilles und die Schafgarbe

Der botanische Name der Schafgarbe lautet *Achillea millefolium* L. Diese Namensgebung soll auf ihre uralte Verwendung als Wundheilkraut zurückgehen. Plinius der Ältere (23 bis 79 n. Chr.) schreibt in seiner »Naturgeschichte«, dass Achilles ein Kraut entdeckt habe, womit man Wunden heilt, und das daher »das Achilleische« genannt wird.

Achilles, der Sohn der Meeresgöttin Thetis und des Menschen Peleus, wurde von dem Kentauren Chiron erzogen. Chiron war ein heilkundiger Weiser und Lehrer vieler Heroen. Selbst Asklepios, der Gott der Heilkunst, wurde von ihm zum Arzt ausgebildet. Kentauren sind Mischwesen — halb Mensch, halb Pferd.
Mehrere Darstellungen zeigen Achilles als Wundheiler. Die Mythen erzählen, dass er nicht nur seinen im Kampf um Troja verwundeten Cousin Patroklos heilte, sondern auch den durch ihn selbst verwundeten Gegner Telephos.

## »Der Verwundende wird auch der Heiler sein«

Auf dem Schlachtfeld von Troja standen sich Achilles und Telephos gegenüber. Telephos wurde von Achilles schwer verwundet, konnte jedoch fliehen. Die tiefe Wunde am Oberschenkel wollte jedoch nicht heilen. Vom Orakel des Apollon im lykischen Patara erhielt Telephos die Weisung: »Der Verwundende wird auch der Heiler sein.« So machte sich Telephos auf eine lange schmerzliche Wanderung, um Achilles zu finden und ihn, der ihn verwundet hatte, um Heilung zu bitten.

In einer anderen Version der Mythe heißt es, dass die Heilung nicht nur durch den Heros, der die Wunde verursacht hatte, sondern auch durch die verwundende Waffe erfolgen musste. So wurde das Heilmittel von der Spitze der Lanze des Achilles abgeschabt und in die Wunde von Telephos gestreut. In jedem Falle gelang die Heilung, und befreundet mit den Griechen, durfte Telephos heimkehren.

## Der Verwundende wird auch der Heiler sein

Diese Erzählung über eine außergewöhnliche Heilung bietet eine gute Grundlage für eine interessante Anderswelt-Reise.

Bereiten Sie alles für Ihr Räucherritual vor. Alle Informationen hierzu finden Sie im Kapitel »Räuchern und Räucherrituale« auf Seite 92.

Lesen Sie nun die Mythe. Welche Fragen haben Sie zu dieser Geschichte? Was können Sie für sich selbst aus dieser Mythe lernen? Gibt es Themen in Ihrem Leben, die dadurch angesprochen werden, zu denen sich Entsprechungen finden lassen? Gehen Sie mit diesen Fragen auf die Reise. Schauen Sie, was passiert, und versuchen Sie so, Antworten zu finden. Steigen Sie ein in diese Geschichte, z. B. können Sie Chiron, Achilles oder Telephos aufsuchen oder auch die Schafgarbe.

Die Schafgarbe gilt auch als visionsfördernde Pflanze. Das »I-Ging-Orakel« wird traditionell aus Schafgarbenstängeln gewonnen.

Geeignete Räucherstoffe für dieses Räucherritual zu einer antiken griechischen Mythe sind: Mastix, Styrax, Olibanum, Benzoe, Opoponax, Lorbeerblätter, Myrrhe, Thymiankraut, Schafgarbenblüten.

Tipp: Trinken Sie eine Tasse Schafgarbentee vor Beginn des Räucherrrituals. 1 Teelöffel des getrockneten Schafgarbenkrauts mit 1 Tasse kochendem Wasser übergießen, 5 Minuten ziehen lassen und abseihen.

## Die Heilkraft der Schafgarbe

Die Schafgarbe wurde früher als »Allerheilchrut« verehrt. Sie wirkt entzündungshemmend, antibakteriell, wundheilungsfördernd, entkrampfend, verdauungsfördernd, harntreibend, leberschützend und tonisierend. Besonders gerühmt werden stets ihre harmonisierenden Eigenschaften.

# Natur-Meditation –
# Achtsamkeitstraining in der Natur

Eine Natur-Meditation ist eine Meditation der Achtsamkeit im Austausch mit der Natur. Wir konzentrieren unsere Aufmerksamkeit dabei auf die Zwiesprache zwischen unserer inneren und der äußeren Natur.

*»Stress ist, wenn du etwas tust und an etwas anderes denkst.«*

Bei einer Natur-Meditation geht es weniger darum, einen Zustand der Leere zu erreichen, sondern vielmehr darum, die Fülle des Lebens zu verstehen.

Das Ziel ist es nicht, die Gedanken zu beruhigen, sondern vielmehr, die Gedankentätigkeit anzuregen – sie mit frischem Futter zu versorgen. Die Natur-Meditation hilft, die Gedanken auszuwechseln, neue Sichtweisen zu entwickeln und den Horizont zu erweitern. Sie dient der Erkenntnis – über das Leben an sich, unsere eigene momentane Situation, unsere Wünsche und Ziele und die Wege, wie wir sie erreichen können.

## Wahrnehmen, was ist

Achtung vor etwas zu haben heißt, Respekt zu zeigen. »Achtung!« ist die Aufforderung: »Pass auf! Sieh genau hin!« Achtsamkeitstraining in der Natur heißt: Wahrnehmen, was ist! Ohne Bewertung.

Achtsamkeit ist etwas, was für Menschen in schamanischen Kulturen selbstverständlich ist. Für uns heute ist es schwierig, weil wir sehr geprägt sind, in bestimmten Bahnen zu denken, und gewohnt sind, unsere Wahrnehmungen nicht unzensiert zuzulassen.

Natur-Meditationen schulen unsere Wahrnehmung für unsere eigene Befindlichkeit. Und durch das Gegenüber – die Pflanze, den Stein, die Landschaft – bleiben wir nicht in dem Gefühl selbst stecken, sondern finden interessante Anregungen für wichtige Erkenntnisse und Problemlösungen.

Eine Natur-Meditation zeigt uns immer etwas über uns selbst. Denn wir haben ausgewählt aus vielen Möglichkeiten, was wir zum Fokus unserer Meditation machen, und beobachten unsere Gedanken, die sich daraus ergeben.

## Erweiterte Wahrnehmungs-möglichkeiten

Worauf wir achten und was wir wahrnehmen, ist davon abhängig, was wir gelernt haben und was wir gewohnt sind. Weiterhin ist unsere Wahrnehmung vom Bewusstseinszustand abhängig. Schamanen sind Meister darin, ihre Bewusstseinszustände gezielt zu verändern und so Dinge zu erkennen, die uns für gewöhnlich verborgen bleiben.

Für eine Natur-Meditation ist es sinnvoll, die Variationsbreite der eigenen Bewusstseinszustände ein wenig zu vergrößern, z. B. durch folgende Möglichkeiten: Meditation, Förderung von Intuition und Inspiration und die »Wahrnehmung des Herzens«.

## Wahrnehmung des Herzens

Von der Bedeutung des Herzens für die Naturwahrnehmung erzählt eine meiner Pflanzenverbündeten, die Haselnuss:

»Liebe ist Weisheit – universelles Wissen. […] Deshalb ist das Herz auch die Tür zum Verständnis, zum Lernen über die Qualitäten des Lebendigen, der Seele, des Unfassbaren, des Göttlichen.
Pflanzen und Tiere können euch hier Lehrer und Begleiter sein. Drum lernt ihre Kräfte kennen. Es schafft Verbindungen, deren Reichweite ihr noch gar nicht erfassen könnt. Aber vielleicht vertraut ihr in das Gefühl, dass dies der richtige Weg ist. Herzlich willkommen!«

Früher glaubte man, dass im Haselnussstrauch »die freundliche Frau Hasel« wohne.

**Natur-Meditationen geben Rat und spenden Trost – gerade auch zu Fragen über Leben und Tod.**

## Kraftplätze gestalten

Regelmäßige Natur-Meditationen bringen uns in Kontakt mit der uns umgebenden Natur. Wer sich auf diese Art und Weise öfter mit bestimmten Pflanzen beschäftigt oder immer wieder die gleichen Orte aufsucht, fängt an, eine Beziehung dazu aufzubauen. So können wir auch die Qualität bestimmter Orte besser wahrnehmen und sie letztendlich auch verändern. Sie werden mit der Zeit feststellen, dass Ihre Beobachtungen eine Form der Aufmerksamkeit sind, die auch im Außen etwas bewirken.

## Meditation und Intuition

Wenn ich meditiere, fokussiere ich meine Wahrnehmung auf etwas und übe, die Konzentration bei diesem Thema zu halten. Es ist also ein Weg, meine Wahrnehmung über mich bzw. meine Gedanken zu leiten. Oft wird die Meditation auch als Abwendung von Außenreizen beschrieben. Eine Natur-Meditation jedoch dient der Kommunikation zwischen der inneren und der äußeren Natur.

Die Intuition ist eine Fähigkeit, die Wahrnehmung mehr über die Gefühle auszuüben: Ich bin im Hier und Jetzt und gebe acht auf meine Gefühle und auf spontane Eingebungen. Die Intuition ist verwandt mit dem Bauchgefühl. Sie führt dazu, dass ich etwas weiß, ohne es verstandesmäßig begriffen zu haben. Es ist ein ahnendes Erfassen, ohne den Gebrauch des Verstandes, ohne bewusste Schlussfolgerungen.

## Inspiration und die Wahrnehmung des Herzens

Die Natur inspiriert uns im wahrsten Sinne des Wortes. Inspiration (lat. inspiratio) heißt »Be-Geisterung« und wird auch übersetzt als »göttliche Eingebung«.
Die Inspiration hat also etwas damit zu tun, sich darauf einzulassen, Informationen von anderen, unsichtbaren Wesenheiten zu erhalten. Sich für eine Inspiration zu öffnen heißt, die Wahrnehmung zu erweitern bis auf anderweltliche Ebenen. Die Inspiration ist daher eng verbunden mit dem, was auch als »Wahrnehmung des Herzens« bezeichnet wird. Damit ist eine gefühlsmäßige Wahrnehmung gemeint, die im Herzen entsteht. Über das Herz – im spirituellen Sinn – sind wir mit allen Wesen verbunden.

> *»Schlüssel und Schloss liegen in euren Herzen*
> *und ihr seid die, die es verschließen oder öffnen.*
> *Niemand sonst herrscht über euer Herz!«*
>
> (Die Haselnuss)

## Erkenntnis, Kraft & Freude

Eine Natur-Meditation zeigt uns interessante Möglichkeiten auf, wie Leben (auch) sein kann und schenkt uns dadurch Ideen, wie wir unsere eigene Situation einmal anders betrachten oder auch verändern können.

Einswerden mit der Wiese und dem strahlend blauen Himmel. Der lebendige Austausch mit der Natur schafft neue Beziehungen voller Freude.

Natur-Meditationen können ganz gezielt zu bestimmten Themen durchgeführt werden, beispielsweise um etwas über eine bestimmte (Heil-)Pflanze und ihre Kräfte zu erfahren oder um einen Ort (z. B. den Garten von Ihrem neu bezogenen Haus) besser kennenzulernen. Häufig werden Natur-Meditationen gemacht, um neue Lösungen für Probleme zu finden oder auch einfach aus Spaß am Entdecken und am lebendigen Austausch mit der Natur.

## Natur-Meditation – Natur-Erkenntnis

**Vorbereitung:** Eine Natur-Meditation kann im Prinzip überall stattfinden, denn überall finden wir Lebendiges, ob in den Pflasterritzen einer Großstadt oder am Feldweg auf dem Lande. Kleiden Sie sich möglichst so, dass Sie längere Zeit draußen sein möchten und sich vielleicht

auch ins Gras setzen können. Nehmen Sie sich eine Sitzunterlage mit sowie ein Notizbuch mit festem Einband, sodass Sie unterwegs etwas aufschreiben oder zeichnen können. Sorgen Sie mit Verpflegung dafür, dass Sie auch länger draußen bleiben können, als Sie vielleicht planen. So sind Sie frei, Ihren spontan auftretenden Impulsen zu folgen. Das ist hilfreich, wenn Sie etwas Neues entdecken wollen.

**Die Frage:** Formulieren Sie ein Thema, über das Sie gerne mehr erfahren möchten, oder eine Frage. Formulieren Sie ein bis zwei Sätze dazu klar und deutlich. Anregungen zu bestimmten Themen-Meditationen finden Sie auf den nächsten Seiten.

**Einstimmung:** Eine gute, einfache Möglichkeit, sich auf eine Natur-Meditation einzustimmen, ist ein Spaziergang. Laufen Sie alleine an einem Ort, wo Sie möglichst wenig gestört werden, so lange, bis der Atem und der Gang einen harmonischen Rhythmus erreicht haben, sodass »es« wie von selbst läuft. Bis dahin haben sich in der Regel auch die meisten Alltagsgedanken verflogen und wir werden automatisch aufmerksamer für unsere Umgebung.

**Die Antwort:** Konzentrieren Sie sich nun auf Ihre Frage bzw. Ihr Thema. Von nun an ist alles, was Ihnen auffällt bzw. was Sie wahrnehmen, eine Antwort auf Ihre Frage. Seien Sie achtsam im Innen und Außen. Alles, was sie bisher gelernt haben, wird Ihnen dabei eine Hilfe sein.

Während Sie weiterlaufen, schauen Sie sich um. Wo sehen Sie etwas, was zu Ihrer Frage bzw. zu Ihrem Thema passt? Wenden Sie sich dann dieser Sache intensiver zu. Gehen Sie darauf zu, betrachten Sie es näher. Registrieren Sie aufmerksam alle Ihre Beobachtungen und Gedanken, die Ihnen dazu einfallen. Und beschreiben Sie das: Was ist es? Wie ist es? Was löst es in Ihnen aus? Notieren Sie die Gedanken möglichst rasch in Ihr Notizbuch. Denn je mehr Zeit vergeht, umso eher vergessen wir wieder oder verfälschen unsere spontanen Einfälle durch Überlegungen. Versuchen Sie, alle Ihre Eindrücke zu beschreiben, in Worten oder auch in Bildern. Wenn Ihnen das schwerfällt, nutzen Sie Vergleiche: Bilden Sie Sätze wie z. B. »Das sieht aus wie …« oder »Das erinnert mich an …«.

Versuchen Sie auch bewusst wahrzunehmen, welche Eindrücke Ihnen wohltun und welche Ihnen eher Unbehagen bereiten.

**Seien Sie aufmerksam für alles, was Ihnen begegnet – was Ihnen »ins Auge fällt«.**

Beschreiben Sie zunächst Ihre spontanen Eindrücke. Danach können Sie einzelnen Wahrnehmungen noch einmal tiefer auf den Grund gehen. Sie selbst entscheiden, ob Sie sich länger mit dem beschäftigen, was Ihren Augen eine »Augenweide« ist, oder dem nachforschen und nachspüren, was Sie seltsam, befremdlich oder gar störend finden – Warum eigentlich? Was genau gefällt Ihnen daran nicht?

Versuchen Sie, dabei immer gut »im Fluss« zu sein. Bewerten Sie Ihre Gedanken nicht. Nehmen Sie sie wahr. Schreiben Sie sie einfach auf. Ihr Notizbuch ist anonym und nur für Sie gedacht.

Gehen Sie spielerisch in den Austausch mit der Natur. Wenn Sie die »Antworten«, die Sie erhalten, zu weiteren Fragen anregen, fragen Sie weiter. Wenn Sie eine »Antwort« nicht verstanden haben, fragen Sie noch einmal nach. Seien Sie ehrlich gegenüber Ihren eigenen Gedanken und Gefühlen. Seien Sie respektvoll. Denken Sie auch daran, dass eine Kommunikation immer ein Geben und Nehmen ist. Bedanken Sie sich. Schenken Sie etwas von sich (z. B. ein Haar, ein Lied, ein Gedicht, eine liebevolle Geste; siehe auch Kapitel »Dankbarkeit«, Seite 104), wenn Sie möchten oder das Gefühl haben, Sie sollten es tun.

Wenn Sie genug Informationen und Anregungen erhalten haben, verabschieden Sie sich von dem Ort und seinen Wesen und kehren damit bewusst zurück in Ihre Alltagswirklichkeit.

Für diese Übung verwenden wir hauptsächlich den Sehsinn. Sie können das ausgewählte Naturelement aber natürlich auch beschnuppern, ertasten, hören und – wenn Sie wissen, dass es nicht giftig ist – schmecken. Wie wirkt das auf Sie? Regt Sie das zu weiteren interessanten Gedanken an?

Sie werden staunen, was man in der Natur alles wahrnehmen und beobachten kann, wenn man sich mal ein wenig Zeit dafür nimmt und sich darauf konzentriert. Alle Fähigkeiten und Eigenschaften dieses Naturobjekts sind Ausdrucksmöglichkeiten der Natur!

Vielleicht werden Sie schon bemerkt haben, dass das Beobachtete Ihnen auch etwas über Sie selbst und Ihre momentane Situation sagt. Wenn Sie möchten, können Sie das noch mehr erkunden: Schauen Sie sich Ihre Notizen mit ein wenig (Zeit-)Abstand noch einmal an. Was haben Sie beschrieben? Findet das Entsprechungen in Ihrem Leben?

Spielen Sie noch einmal mit Ihren Gedanken und möglichen Übertragungen. Hat das Parallelen zu einer Situation, über die Sie bewusst nachgedacht haben, oder vielleicht zu einem Thema, an das Sie gar nicht so gerne denken möchten? Haben Sie vielleicht interessante völlig neue Gedanken dazu formuliert? Haben Sie etwas verblüffendes Neues dazu gelernt?

**Geschenke aus der Natur für die Natur – dem Schönen Beachtung zu schenken ist auch ein Zeichen der Aufmerksamkeit.**

# Anregungen für thematische Natur-Meditationen

Welches Thema beschäftigt Sie gerade? Wählen Sie den Fokus Ihrer Natur-Meditation danach aus. Beispielhaft habe ich hier für Sie einige häufige Themen und Möglichkeiten, sich damit auseinanderzusetzen, zusammengestellt. Selbstverständlich können Sie auch Ihre ganz eigenen Ideen für Ihre Natur-Meditation entwickeln.

## Beziehung

Fragen über eine Beziehung – zum Lebenspartner, zu den Kindern, den Eltern, dem Vorgesetzten, den Mitarbeitern, dem Nachbarn, den Kollegen …
Achten Sie in der Natur darauf, wie verschiedene Pflanzen oder auch wie Pflanzen und Tiere miteinander leben.

## Abgrenzung

»Nein« sagen, etwas ablehnen, sich trennen, …
Schauen Sie in der Natur danach, wie Pflanzen und Tiere sich von Ihrer Umgebung abgrenzen.

## Schutz

Legen Sie Ihren Augenmerk in der Natur darauf, wie Pflanze und Tiere sich schützen vor Dingen, die ihnen nicht guttun (Wetter, Fressfeinde etc.).

## Glück

Sind Pflanzen und Tiere glücklich? Schauen Sie in der Natur danach, ob und wie Pflanzen und Tiere glücklich sind.

## Aufgabe und Sinn

Beobachten Sie, was Pflanzen und Tiere in der Natur tun. Welche Funktion haben Sie wohl in ihrem Lebensraum?

## Leben und Tod

Beobachten Sie in der Natur, wie Pflanzen und Tiere lebendig sind, wie sie sterben oder auch wie sie mit anderen toten Lebewesen oder eigenen toten Körperteilen umgehen.

## Unterstützung

Schauen Sie danach, wie Pflanzen und Tiere sich gegenseitig unterstützen – bei gleichen wie unterschiedlichen Arten.

## Flexibilität, Beweglichkeit

Achten Sie in der Natur darauf, wie Pflanzen und Tiere sich bewegen oder wie sie sich ihrer Umgebung anpassen.

## Wandlung

Entdecken Sie, wie Pflanzen und Tiere sich entwickeln in ihren verschiedenen Lebensphasen, wie sie sich verwandeln im Tages-/Jahreslauf, bei unterschiedlichem Wetter etc.

## Öffnung

Offener sein für Dinge, die einem selbst guttun, für andere und Ihre Bedürfnisse …
Nehmen Sie in der Natur wahr, wie Pflanzen und Tiere sich öffnen für den Austausch mit der Umgebung.

## Ruhe

Suchen Sie sich eine runde Blüte, wie z.B. von der Ringelblume, der Sonnenblume, vom Gänseblümchen, einer Aster oder einer Margerite. Betrachten Sie das Muster der Blüte. Oder suchen Sie sich einen kräftigen Baumstamm.

**In jeder Lebenssituation können wir in der Natur Dinge entdecken, die für uns von großer symbolischer Bedeutung sind.**

# Gnothi seauton – Erkenne dich selbst

Die Aufforderung »Erkenne dich selbst« ist mehrere tausend Jahre alt und ist noch heute geläufiger Teil unseres Sprachschatzes. Warum ist sie so wichtig? In dieser Formulierung steckt etwas Großes und für das schamanische Weltbild sehr Bedeutendes.

*»Schamanisches Wissen ist immer in erster Linie und wesentlich Selbst-Erkenntnis.«*

(Franz-Theo Gottwald)

Da im schamanischen Weltbild alles mit allem in Verbindung steht, ist die Selbsterkenntnis der Schlüssel zur Erkenntnis überhaupt. Wobei die Selbsterkenntnis, die hier gemeint ist, eine holistische ist, die stets das Eigene als Teil des Ganzen wahrnimmt. Sie untersucht das Eigene in seiner Beziehung zu den verschiedenen anderen Teilen des Ganzen.

## Das Göttliche wahrnehmen

Kulte der Selbsterkenntnis gehören ganz selbstverständlich zum Schamanentum. So sind beispielsweise aus den südamerikanischen Kulturen Heilungs- und

Erkenntnisrituale durch die kultische Einnahme bewusstseinsverändernder Pflanzen und Zubereitungen bekannt, wie etwa Peyote- oder Ayahuasca-Rituale. Die »Visionssuche« (»Vision Quest«) der nordamerikanischen Indianerstämme hat mittlerweile auch in den Industrienationen viele Anhänger gefunden.

## Tempelschlaf: Ritual der Selbsterkenntnis

In den Orakel- und Mysterienkulten in den Tempeln des antiken Europa wurden ebenfalls Rituale der Selbsterkenntnis gepflegt. Eine solche Tradition war beispielsweise der sogenannte Tempelschlaf. Dies war offenbar ein mystischer Heilkult, bei dem ein Bewusstseinszustand herbeigeführt wurde, der spirituell und therapeutisch zugleich war.

Wie das geschah, ist nicht überliefert. Während des Tempelschlafs wurden auch Behandlungen durch sogenannte Priesterärzte durchgeführt. In der Antike stand die Seele im Mittelpunkt der Therapie, denn sie galt als das Wahrnehmungsorgan für das Göttliche. Ziel des Tempelschlafs war es also offenbar, dass die Seele sich durch das veränderte Bewusstsein im Traum ausdrücken konnte. Der Traum konnte einem Rat- oder Heilungsuchenden die Antwort auf seine Frage oder die Heilung selbst vermitteln. Auch wurden die Träume mithilfe der Priesterärzte gedeutet und in eine individuelle Therapieempfehlung umgesetzt.

## Den Weisungen der Seele folgen

Ganz in der Tradition der Heil- und Mysterienkulte des alten Europa formulierte Edward Bach (1886–1936), der geniale Arzt und Erfinder der Bach-Blüten-Therapie, seine Zukunftsvision: »Das Krankenhaus der Zukunft wird sich durch Schönheit und einen positiven Geist auszeichnen und dem Patienten ein willkommener Zufluchtsort sein, wo er nicht nur von seiner Krankheit befreit, sondern auch motiviert wird, fortan den Weisungen seiner Seele größere Bedeutung beizumessen als in der Vergangenheit.«

## »Gnothi seauton!«

Diese griechischen Worte mit der Bedeutung »Erkenne dich selbst!« standen an einer Säule in der Vorhalle des Apollontempels in Delphi, der bedeutendsten Orakelstätte der antiken Welt. Apollon selbst – der Sonnen-, Heil- und Orakelgott der Griechen – galt als der Urheber dieser Aufforderung.

Das Sonnenprinzip ist in der europäischen Tradition zutiefst mit dem Göttlichen, mit dem Ich und der Erkenntnis verbunden – mit der Erkenntnis der eigenen Rolle im kosmischen Ganzen. Apollon konnte die ganze Natur mit dem wunderbaren Klang seiner Leier in Harmonie bringen. Gleichzeitig war er als unbarmherziger Verfechter der Wahrheit gefürchtet.

Der Schlafmohn war in der Antike das Symbol des prophetischen Traumes und vielen Göttern heilig.

## Orakel und Divination

Eng verbunden mit den Heil- und Mysterienkulten der Selbsterkenntnis war und ist das Orakel. Wahr- und Weissagen war offenbar schon immer ein Bedürfnis der Menschen. Ob durch den Blick in die Kristallkugel oder den Kaffeesatz, das Kartenlegen, Würfeln, das Deuten der Träume oder des Vogelflugs, das Lesen der Handlinien oder die Eingeweideschau – mit den verschiedensten Techniken versucht der Mensch, mehr zu erkennen, klarer zu sehen, den Willen der Götter zu ergründen und möglicherweise einen Blick in die Zukunft zu erhaschen. Der Begriff »Divination« weist darauf hin, dass die Wahr- oder Weissagung in Verbindung mit göttlichen Kräften erlangt werden kann.

In den meisten Fällen geht es letztendlich darum, einen Rat für eine Entscheidung zu erhalten.

Das hängt auch alles eng miteinander zusammen: Ein klarer Blick auf die gegenwärtige Situation zeigt auch die Möglichkeiten einer Entscheidung auf und lässt die Konsequenzen der Wahl besser abschätzen. Der entscheidende Rat ergibt sich oft durch eine veränderte Wahrnehmung der Situation.

> *»Sie [die Germanen] glauben,*
> *dass den Frauen so etwas wie Heiligkeit*
> *innewohnt, sowie Sehergabe;*
> *daher beachten sie deren Ratschläge*
> *und richten sich nach ihren Weissagungen.«*
>
> (Tacitus)

**Die Natur ist uns jederzeit und überall ein wundervoller Spiegel für unsere Selbsterkenntnis.**

## Du im Spiegel der Natur

**Die folgende Übung ist eine Natur-Meditation, die besonders der Selbsterkenntnis dient. Die allgemeine Technik, Vorbereitung und Einstimmung finden Sie im Kapitel »Natur-Meditation« ab Seite 58.**

Überlegen Sie, welche Frage Sie stellen möchten, was Sie über sich selbst herausfinden möchten, und formulieren Sie diese Frage klar und deutlich in ein bis zwei Sätzen.

Konzentrieren Sie sich auf Ihre persönliche Frage oder auf Ihre generelle Neugier, sich selbst zu entdecken. Wenn Sie möchten, sprechen Sie laut oder leise folgende Bitte aus: »Liebe Natur, bitte zeige mir, was jetzt gerade wichtig für mich ist: Was soll ich wissen, was soll ich berücksichtigen, was kann ich tun, um heil und glücklich zu sein? Danke!«

Während Sie nun wandern oder spazieren gehen, seien Sie offen und aufmerksam, ob Sie etwas besonders anspricht. Schauen Sie sich um. Was fällt Ihnen ins Auge? Was »springt Sie an«?

Wenden Sie sich dann spontan dieser Sache intensiver zu, die Ihnen aufgefallen ist. Vielleicht ist dies ein einzeln stehender Baum, eine umgestürzte Baumwurzel, ein Steinhaufen, eine kleine blühende Pflanze, eine Knospe, ein interessantes Blatt …

Gehen Sie darauf zu, betrachten Sie es näher. Registrieren Sie aufmerksam alle Ihre Beobachtungen und Gedanken, die Ihnen dazu einfallen. Was genau zieht Sie an? Die Gestalt des ganzen Baumes? Oder die Farbe? Oder die Form der Rinde?

Beschreiben Sie das, was Sie wahrnehmen, möglichst genau – immer auch in Resonanz zu Ihren eigenen Empfindungen, zu dem, was es in Ihnen auslöst. Vielleicht reicht Ihnen eine »Antwort« der Natur. Vielleicht benötigen

sie noch weitere Hinweise und möchten in eine weiterführende Kommunikation mit der Natur treten.

Wenn Sie mehr wissen wollen oder weitere Fragen haben, lassen Sie sich weiter treiben und leiten. Folgen Sie wie bei einer Schnitzeljagd den weiteren Zeichen, die sich für Sie auftun.

Sobald Sie die entscheidenden Botschaften erhalten haben, sollten Sie Ihre Natur-Mediation beenden. Drücken Sie Ihre Dankbarkeit aus, mit Worten, Geschenken oder Gesten. Verabschieden Sie sich von dem Ort und seinen Wesen und kehren Sie damit bewusst zurück in Ihre Alltagswirklichkeit.

**Das Vergissmeinnicht: Im Spiegel der Natur können wir auch unsere eigene Schönheit entdecken.**

Selbstverständlich können Sie auch diese Natur-Meditation durch weitere Sinneserfahrungen – über den Sehsinn hinaus – erweitern.

Schauen Sie sich Ihre Notizen mit ein wenig (Zeit-)Abstand noch einmal an. Was haben Sie beschrieben? Findet das Entsprechungen in Ihrem Leben? Spielen Sie noch einmal mit Ihren Gedanken und möglichen Übertragungen. Gibt es Parallelen zu einer Situation, über die Sie bewusst nachgedacht haben, oder vielleicht zu einem Thema, das gerade ansteht, an das Sie aber gar nicht so gerne denken möchten? Haben Sie vielleicht interessante völlig neue Gedanken dazu formuliert? Haben Sie etwas verblüffendes Neues dazu gelernt?

Runen – die Schriftzeichen der Germanen wurden nicht zum gewöhnlichen Schreiben, sondern nur für kultische Zwecke verwendet.

## Praxis des Orakels

Wenn Sie noch kein Orakelsystem zur Verfügung haben, besorgen Sie sich eines, das Sie persönlich anspricht. Das können Karten, Runensteine, Stäbe oder auch andere Dinge mit bestimmten Zeichen und Symbolen sein. Machen Sie sich mit den Grundlagen der vorgeschlagenen Deutungen vertraut, z. B. mit der Bedeutung der Stäbe, Kelche, Münzen und Schwerter beim Tarot. Mehr Wissen benötigen Sie für die hier vorgeschlagene Form des Orakels nicht.

Schaffen Sie sich einen besonders bedeutungsvollen »Zeit-Raum«, der sich von Ihrem Alltag abgrenzt. Zünden Sie eine Kerze an. Räuchern Sie oder zünden Sie ein Räucherstäbchen an. Wenn Sie Verbündete haben, laden Sie sie ein, Sie bei Ihrem Vorhaben zu unterstützen.

Stellen Sie nun Ihre Frage, nutzen Sie Ihre Materialien und deuten Sie zunächst die Bilder, die Zeichen, die Informationen, die Sie erhalten haben, ganz für sich allein. Nutzen Sie all Ihre bereits erworbenen Fähigkeiten im Analogiedenken (siehe auch Kapitel »Die Natur der Dinge« ab Seite 48) und Ihre selbst erworbenen Erfahrungen über die Bedeutungen von Zeichen und Symbolen, um Ihr Orakel zu deuten.

Wenn Sie Ihre eigene Perspektive erweitern möchten: Zeigen Sie Ihr Orakel einer anderen Person und fragen Sie sie, wie sie die Symbole empfindet – wie sie die Zeichen deuten würde. Die Frage, die Sie gestellt haben, müssen Sie dabei nicht unbedingt nennen.

Schauen Sie erst zum Schluss in ein Buch, in dem die Bedeutungen erklärt werden. Ihre eigene Wahrnehmung und Deutung sind am wichtigsten für Ihre eigene Wirklichkeit!

Eine besondere Atmosphäre beim Orakeln fördert eine Veränderung der Wahrnehmung.

# Finde deinen Platz
# im Netz des Lebens

VERBUNDEN SIND WIR MIT DEM STROM DER ZEIT
– MIT DEM URSPRUNG DES LEBENS UND DER
FERNEN ZUKUNFT – SOWIE DEN VERSCHIEDENEN
WESENHEITEN IN DEN ZAHLREICHEN EBENEN DES
BEWUSSTSEINS.

# Das Band des Lebens – deine Ahnen

In schamanischen Kulturen ist die Verbindung zu den Ahnen extrem wichtig. Ahnenkulte dienen der Verehrung und der Aufmerksamkeit für die Wurzeln der eigenen Existenz – in Dankbarkeit. Unsere Ahnen sind unsere direkte Verbindung in die Anderswelt.

*»Wenn du dich nicht selbst in deinen Ahnen wiedererkennst, erkennst du dich nicht als der, der du bist.«*

Die Schamanen der noch traditionell-schamanischen Kulturen äußern sich oft sehr besorgt über den mangelnden Kontakt der Menschen in der modernen westlichen Welt zu ihren Vorfahren. Sie sehen den Verlust dieser Anbindung sogar als eine schwerwiegende Erkrankung der Seele, die die Ursache für Orientierungslosigkeit und Depressionen, für Beziehungsprobleme und Angstzustände sein kann.

## Unsere heiligen Wurzeln

Durch unsere Ahnen sind wir in dieses Leben gekommen. Egal, wie unsere Ahnen gelebt haben: Ohne sie gäbe es uns nicht. Wir schulden ihnen Dank, mindestens für unsere Existenz! Und selbst, wenn sie vielleicht mehr schlecht als recht für uns gesorgt haben, uns vielleicht Verletzungen zugefügt haben, wenn sie vielleicht politischen Überzeugungen gefolgt sind, die wir nicht nachvollziehen können, sogar wenn sie großes Unrecht begangen haben – sie haben uns gefüttert, gewickelt, uns schlafen gelegt usw. Unsere Vorfahren haben gearbeitet, gejagt, gesammelt, geackert und immer neue Techniken entwickelt, die ihnen das Überleben ermöglicht haben. Damit haben Sie auch uns unseren Weg ins Leben ermöglicht.

## Anerkennung für die Ahnen

Sowohl durch die jüngere Geschichte als auch durch ganz persönliche familiäre Begebenheiten haben wir heute oft Schwierigkeiten mit der familiären Anbindung über die Jahrzehnte und Jahrhunderte hinweg. Hinzu kommt, dass wir geprägt worden sind durch eine sehr überhebliche Sicht auf unsere »rückständigen, primitiven« Vorfahren, die im Zuge des »modernen Fortschritts« lange Zeit üblich war. Zum Glück wird dieses Bild seit einiger Zeit in vielen Bereichen wieder richtiggestellt. Auch früher haben die Menschen faszinierende Techniken entwickelt und verfügten über herausragende Kenntnisse, die ihnen ermöglicht haben, das Leben zu meistern.

## Rat und Kraft aus der Anderswelt

Neben dem grundsätzlichen Respekt für die Leistungen unserer Ahnen gibt es noch weitere Aspekte, warum der Ahnenkult in schamanischen Kulturen so wichtig ist. Wenn unsere Vorfahren in die Anderswelt hinübergegangen sind, sind sie sozusagen unsere direkteste Verbindung in die Anderswelt. Wir können sie um Rat und Hilfe aus dieser anderen Welt bitten.

In Nepal, wo das traditionelle schamanische Weltbild noch lebendig ist, habe ich folgendes gelernt: Unter bestimmten Voraussetzungen kann ein Verstorbener nach dem Tod ent-

## Ahnenpflanze Holunder

Eine Pflanze, die bei uns besonders mit dem Ahnenkult in Verbindung steht, ist der Holunder. Er ist sehr stark mit der Anderswelt verbunden. Zum Holunder kommen die Ahnen, wenn sie »Urlaub« in der diesseitigen Welt machen – so war die Überzeugung unserer Vorfahren. Unter dem Haus- oder Hofholunder opferte man daher auch den Ahnen, d. h., man gedachte hier den verstorbenen Familienmitgliedern und brachte ihnen hier symbolisch Speisen und Getränke dar, wie z. B. Getreide, Früchte, Nüsse, Brot und Honig, Wasser, Milch und Bier.

Der Holunderstrauch war heilig und durfte nicht ungefragt beschnitten oder verpflanzt werden.

Auch der Haselstrauch gilt als Pforte in die Anderswelt. Früher gab man den Toten Haselnüsse mit ins Grab.

Der grüne Tee reaktiviert ein bis dahin stummes Gen, das den Bauplan für einen Krebs bekämpfenden Stoff liefert.

## Das epigenetische Gedächtnis

Die Epigenetik, ein neuer Forschungszweig der Biologie, zeigt: Gene steuern nicht nur unser Leben, Gene werden auch gesteuert. Durch äußere Einflüsse können Gensequenzen an- oder abgeschaltet werden. So konnte z. B. die krebshemmende Wirkung von grünem Tee erklärt werden. In bestimmten Fällen wird ein »epigenetisches Gedächtnis« auch vererbt: Die Aktivität bestimmter Gensequenzen, die durch Lebensbedingungen wie z. B. Hungersnöte hervorgerufen wurden, wird an die Nachfahren weitergegeben.

scheiden, dass er als »Kula-Deva« (sanskrit: »göttliche Wurzel«) für seine Nachfahren fungieren möchte. Das bedeutet, dass er fortan über den ihm nachkommenden Teil der Familie wacht und den lebenden Familienmitgliedern mit Rat und Kraft zur Seite steht. So rufen beispielsweise die Schamanen zum Schutz und zur Unterstützung ihrer Arbeit ihre Ahnen an. In Nepal haben die »Kula-Devas« ihren Platz an bestimmten Stellen eines traditionell gebauten Hauses und werden am Ahnenaltar verehrt, einem abgetrennten Bereich, der nur von bestimmten Familienmitgliedern betreten werden darf. »Die Ahnen sind alt und brauchen viel Ruhe«, wurde mir dazu erklärt.

## Vergangenheit und Zukunft verbinden

Die niemals endende Verbindung zu den Ahnen bringt auch eine wichtige Form der Verantwortung in der Zeit mit sich. In Nepal habe ich gelernt: Alles, was die sieben Generationen vor mir getan haben, kann sich auf mein Leben auswirken und ebenso hat die Art und Weise, wie ich mein Leben führe, Einfluss auf die sieben Generationen, die mir nachfolgen. Man sollte die Namen der Ahnen der sieben Generationen vor einem kennen. Bei wichtigen Ritualen, z. B. einer Hochzeitszeremonie, werden die Namen aller Ahnen vorgelesen und die Ahnen somit eingeladen, an der Zeremonie teilzunehmen.

Die Verbindung zu den Ahnen wieder als einen ganz natürlichen Teil in das eigene Leben zu integrieren ist ein Heilungsritual für jeden Einzelnen von uns. Und es hilft ein Stück weit mit, das zerrissene Band der Traditionen unserer Kultur zu regenerieren.

## Der Ahnen-Aufsatz – der Schatz der Ahnen

**Wie heißen Ihre Vorfahren, wo haben sie gelebt, welche Berufe und Interessen hatten sie, wie ist ihr Leben verlaufen? Recherchieren Sie und schreiben Sie diese Informationen in einem kurzen oder auch langen Aufsatz zusammen.** Schreiben Sie nicht nur Stichwörter und Tabellen, sondern formulieren Sie ganze Sätze. Sie werden sehen, dass Ihnen so die Geschichte Ihrer eigenen Existenz viel deutlicher und bewusster wird.

Die Erfahrungen Ihrer Vorfahren sind ein Schatz, der Ihnen mitgegeben wurde. Nicht nur ist durch das Leben Ihrer Vorfahren überhaupt möglich geworden, dass Sie existieren, sondern möglicherweise wurde das, was Ihre Vorfahren erfahren und erlernt haben – in Form eines »epigenetischen Gedächtnisses« –

Schlangen wurden von unseren Vorfahren als heilige Tiere verehrt. Sie galten als zauberkräftige Glücksbringer.

auch an Sie vererbt. Fühlen Sie sich ein in Ihre persönliche Ahnenreihe. Gibt es vielleicht eine Art »Familiengeist« – ein besonderes Interesse oder eine besondere Begabung, die sich in der Familie häufig findet? Können Sie ein Gefühl von Zugehörigkeit entwickeln?

Waren Ihre Vorfahren so, dass es Ihnen Schwierigkeiten bereitet, stolz auf sie zu sein, und sie ungern über Ihre Verwandtschaft nachdenken? Versuchen Sie, diese Lebensläufe ohne Ihre persönliche Bewertung zu betrachten.

Diesen Ahnen-Aufsatz können Sie bei Gelegenheit immer weiter ergänzen. Versuchen Sie, so viel Informationen wie möglich über Ihre Vorfahren in Erfahrung zu bringen. So hinterlassen Sie auch Ihren Nachfahren einen wertvollen Schatz, der Ihnen eine gute Anbindung an den Ursprung Ihres Lebens ermöglicht.

## Die Schlange als Verkörperung der Seele

Ein Tier, das besonders mit den Ahnen in Verbindung steht, ist die Schlange. Unsere Vorfahren glaubten, dass Schlangen unsterblich seien, weil sie immer wieder ihre Haut abstreifen und sich dadurch verjüngen können.

Wie man im »Handwörterbuch des Deutschen Aberglaubens« nachlesen kann, betrachtete man sie als Verkörperung des Familiengeistes, der Seele Verstorbener bzw. als Symbol für die Seele überhaupt. So verehrte und fütterte man mancherorts eine »Hausschlange« als Geist des Hauses, Geist des Ortes oder auch als Verkörperung der Seelen der verstorbenen Familienangehörigen.

## Ahnen-Altar

**Richten Sie für Ihre Ahnen in Ihrer Wohnung oder in Ihrem Garten einen schönen Platz ein. Sie können sich auch einen Holunderstrauch suchen, der Ihnen dafür geeignet erscheint.** Wie alle Wesen der jenseitigen Welt freuen sich die Ahnengeister vor allem darüber, dass sie respektvoll beachtet werden. Allein die Tatsache, dass Sie ihnen einen Ort schaffen und ihnen Zeit schenken, hat also eine große Bedeutung. Fragen Sie Ihre Ahnen, was sie sich von Ihnen wünschen oder auch was sie benötigen.

Gestalten Sie den Platz so, dass sich Ihre Ahnen dort wohlfühlen können, z.B. mit schönen Steinen und anderen Objekten aus der Natur. Stellen Sie eine Kerze auf und einen Halter für Räucherstäbchen. Mit dem Entzünden und Löschen der Kerze definieren Sie den Zeitraum, den Sie mit Ihren Ahnen verbringen. Mit den schönen Düften des Räucherstäbchens stellen Sie Kontakt her zwischen der diesseitigen und der jenseitigen Welt. Alle weiteren Objekte suchen Sie nach Ihrer eigenen Bedeutung aus. Wählen Sie die Symbole und auch die Anordnung der Dinge auf dem Ahnenaltar mit Bedacht.

Schenken Sie Ihren Ahnen hier Aufmerksamkeit und Verehrung. Bieten Sie symbolisch Nahrung und Getränke an (z.B. Nüsse, Früchte, Milch oder Wasser). Vielleicht möchten Sie das regelmäßig tun oder auch nur zu bestimmten Anlässen. Hier können Sie nun auch Ihre Ahnen um Rat fragen, um Schutz bitten oder auch um besondere Hilfe, die Sie zur Bewältigung Ihrer Lebenssituation benötigen.

Steingräber – Zeugen der Ahnenverehrung vergangener Zeiten.

Diesen Ort können Sie auch nutzen, um sich mit der Kraft des Lebens an sich in Verbindung zu bringen. Denn Ihre Ahnenreihe reicht ja nicht nur Jahrhunderte und Jahrtausende zurück, sondern Millionen und Milliarden von Jahren.

Letztendlich sind wir über unsere Ahnen verbunden mit dem Ursprung des Lebens am Anbeginn der Zeit und darüber auch verbunden mit allen Lebewesen als unsere Schwestern und Brüder.

## Reise zu den Ahnen – Räucherritual

**Diese »Reise« können Sie nutzen, um eine bessere Verbindung zu Ihren Ahnen zu finden, um gezielt bestimmten Personen aus Ihrer Ahnenreihe zu begegnen oder auch um ein Gefühl für die Position Ihres eigenes Lebens zu bekommen – zwischen Vergangenheit und Zukunft Ihrer Familie.** Informationen zum Ablauf eines Räucherrituals finden Sie auf Seite 92.

Zu Beginn können Sie sich zunächst noch einmal das Thema Ihrer Innenwelt-Reise vor Augen führen:

Vergegenwärtigen Sie sich Ihre Ahnenreihe.

Wie sieht sie aus, wo ist sie hell, wo dunkel, wo gibt es Lücken?

Ist sie überhaupt eher dünn oder dick? Welche Form hat sie? Welche Farbe?

Wo stehen Sie und wie fühlt sich das an, im Strom der Zeit zu sein, angebunden an eine Linie des Lebens?

Können Sie auch in die andere Richtung sehen – auf Ihre Nachfahren?

Gibt es eine bestimmte Frage, die Sie an Ihre Ahnen haben?

**Geeignete heimische Räucherstoffe zum Thema Ahnen:** Wacholderzweigspitzen oder -beeren, Holunderbeeren, Sumpfporst, Kiefernharz, Fichtenharz, Engelwurzwurzel.

Ein Tipp: Wählen Sie Räucherstoffe, die zu Ihrer Familiengeschichte passen, passend zu dem Land und der Landschaft, in der Ihre Familie gelebt hat. Vielleicht gibt es auch Pflanzen, mit denen Ihre Familie in besonderer Verbindung steht, die sich z. B. im Wappen der Familie finden. Sofern diese Pflanze zum Räuchern geeignet ist, könnten Sie diese bevorzugt verwenden.

Wählen Sie auch die Musik passend zu Ihrer Familie und Ihren Familientraditionen.

Der Sumpfporst, eine aromatische Heil- und Zauberpflanze unserer Vorfahren, ist heute in Deutschland leider vom Aussterben bedroht.

# Netz des Lebens – deine Mitbewohner

*»… dass ich mittlerweile zu der Überzeugung gekommen bin, dass ein jeder, der mit Pflanzengeistern in Berührung gerät, ein wenig von dem Zauber ursprünglicher Verbundenheit erfährt.«*

(Eliot Cowan)

Im Schamanismus sind Pflanzen und Tiere nicht nur körperliche Erscheinungen, es sind Geschöpfe der Mutter Erde – so wie wir Menschen selbst. Alles Leben ist gleich wert. Pflanzen und Tiere haben jedoch andere Fähigkeiten und auch andere Zugänge zur Anderswelt.

Die Natur schenkt uns Energie und Kreativität und verbindet uns mit ihren Erscheinungsformen auch mit einer geistigen Welt. Mit dieser Einstellung nimmt man die Natur nicht nur anders wahr, sondern man erhält auch die Möglichkeit, Pflanzen und Tiere als wichtige Lehrer zu betrachten. Darüber hinaus können Pflanzen und Tiere dem Menschen zu wahren Freunden werden, sogar zu Verbündeten.

Manchmal geschieht es, dass ein Pflanzen- oder Tiergeist von sich aus Kontakt mit einem Menschen aufnimmt. Mitunter ist es der Mensch, der – von besonderer Faszination für eine Pflanze oder ein Tier getrieben – die Nähe und den Austausch mit diesem Wesen sucht.

# Verbündete der Schamanen

Schamanen studieren die Besonderheiten der einzelnen Pflanzen- und Tierarten sehr genau. Die verbündeten Naturwesen helfen dem Schamanen bei seiner Arbeit. Sie können ihm zweitweise ihre Kräfte und Fähigkeiten leihen, ihn beschützen, unterstützen und ihm Zugang zu Informationen verschaffen. Schamanen pflegen ihre Freundschaft mit ihren Verbündeten, zum Beispiel durch regelmäßige Rituale und Opfergaben.

## Tiergeister

Viele Schamanen haben tierische Verbündete. Dieser jedoch sucht nicht gezielt nach der Verbindung mit einem Tier. Durch besondere Ereignisse, mitunter sogar durch einen bedrohlichen Kampf mit einem gefährlichen Tier, wird der Schamane mit ihm verbunden. Manche Schamanen können sich in Tiere verwandeln, um besondere Kräfte zu erlangen, zum Beispiel in einen Jaguar oder einen Tiger.

## Pflanzengeister

Wir gehen vielfältige Verbindungen mit Pflanzen ein, doch deren spirituelle Dimension ist uns meistens nicht bewusst. Wir atmen den Sauerstoff, den die Pflanzen »ausatmen«, ein, wir nutzen Pflanzen für uns als Nahrung, als Lieferant vielfältiger Rohstoffe und Energie und wir nutzen sie als Heilpflanzen. In unserem modernen Weltbild geht es dabei um chemische Inhaltsstoffe, die im Laufe der Evolution zufällig entstanden sind. Diese haben nützliche technische Eigenschaften für die Industrie oder heilsame physiologische Wirkungen auf unseren Körper. Doch die Begegnung mit der Pflanzenseele kann für uns noch ganz andere Dimensionen entfalten!

# Heilung mit dem Pflanzengeist

Für einen Schamanen sind die Inhaltsstoffe der Pflanze nicht das einzige Wirkprinzip, für ihn ist dies nur ein Teil des ganzen Pflanzenwesens. Der schamanische Weg der Pflanzenheilkunde bedeutet daher auch nicht *über*, sondern *von* den Pflanzen zu lernen! Hier geht es darum, durch eigene Prozesse zu gehen, die einem ermöglichen, den Pflanzengeist kennenzulernen und sich mit ihm zu verbünden. Aus überliefertem Pflanzenbrauchtum wissen wir, dass Heilpflanzen auch in unserer Kultur früher als Geistwesen wahrgenommen wurden. Häufig wurden sie mit einem Zauberspruch zusammen verabreicht.

Schamanische Kultgegenstände zur Verehrung und Verbindung mit Tiergeistern.

## Tierverwandlung

Bei unseren germanischen Vorfahren gab es kultische Krieger-Geheimbünde, deren Anhänger sich durch Zauberkraft in Bären oder auch Wölfe verwandeln konnten. Diese Krieger, die Berserker (»Bärenhäuter«), hatten sich Wotan geweiht und waren offenbar durch gezielt hervorgerufene Trancezustände in der Lage, gegen Feuer und Schmerz unempfindlich zu sein und besonders furchteinflößend zu kämpfen.

**Pflanzen sind Lebewesen, mit denen wir in Kontakt treten können.**

## Die Findhorn-Gemeinschaft

1962 legten Dorothy Maclean und ihre beiden Freunde Peter und Eileen Caddy in Findhorn, im Nordosten Schottlands, einen Gemüsegarten zur Selbstversorgung an – in echter Zusammenarbeit mit den Pflanzenwesen. Dorothy kommunizierte dafür mit den »hinter der Natur stehenden Kräften«, insbesondere mit den Pflanzendevas. Viele der Botschaften, die sie erhielt, kann man in ihren Büchern »Du kannst mit Engeln sprechen« nachlesen. Der außerordentliche Erfolg dieser kooperativen Gartenarbeit machte Findhorn berühmt.

Bei manchen Pflanzen wird die frühere Bedeutung des Pflanzengeistes noch im Namen offenbar: Der Gundermann (*Glechoma hederacea L.*) wurde auch »Gutermann« oder »Gudelse« genannt. Mit dem Gundermann sind auch besonders viele volksmagische Heilanwendungen überliefert. Ein Beispiel: Bei Zahnschmerzen sollte der Mund mit drei Gundermannstängeln bestrichen werden. Diese wurden dann in den Schornstein gehängt, um so die Krankheit an die Hausgeister zu übertragen. Die Beschreibung dieses Heilungsrituals verdanken wir dem Volkskundler Max Höfler in seinem Buch »Volksmedizinische Botanik der Germanen«, das erstmals 1908 erschien.

## Kommunikation mit Pflanzendevas

Pflanzen wurden und werden in vielen Kulturen als göttliche Wesen oder als Mittler zu einer göttlichen Instanz betrachtet. Nur unsere eigene moderne, technisierte und naturentfremdete Kultur scheint das vergessen zu haben.
Die Beschäftigung mit Pflanzen kann uns an das Eigentliche, Natürliche wieder anbinden. Durch die Kommunikation mit Pflanzen können wir völlig neue Dimensionen von Lebensqualität erfahren.

Pflanzen sind mehr als organisierte Ansammlungen von Zellen – Pflanzen sind Lebewesen, mit denen wir in Kontakt treten können! Pflanzen verfügen über ein Bewusstsein und bieten uns einen recht einfachen Zugang zu einer ganz natürlichen Spiritualität. Der Begriff »Pflanzendevas« wurde von Dorothy Maclean geprägt, einer der Begründerinnen von Findhorn. »Deva« stammt aus dem Sanskrit und bedeutet so viel wie »Göttliches, Leuchtendes, Strahlendes, Himmlisches«.

## Die innere Haltung ist entscheidend

Stille, Offenheit, Ehrlichkeit, Respekt und Demut sind die Grundvoraussetzungen für eine wahrhaftige Begegnung mit anderen Naturwesen. Nur wenn wir unser alltägliches Grübeln abstellen und in unserem Inneren freien Raum schaffen, sind wir offen für eine echte Wahrnehmung, für das, was das Gegenüber uns mitteilt. Alle Vorstellungen, alles Wunschdenken und alles Vorwissen sind in dem Moment einer neuen Begegnung unwichtig. Eine respektvolle und dankbare Haltung dem Pflanzen- oder Tiergeist gegenüber ist unabdingbare Voraussetzung. Und hierbei ist wichtig zu wissen: Man kann den Geistern nichts vormachen. Die innere Haltung ist entscheidend. Schöne Worte und Gesten sind nutzlos, wenn sie nicht von Herzen kommen.

## Einen Tierlehrer suchen

Welches Tier fasziniert Sie besonders? Beobachten Sie es, wenn möglich, in der Natur. Studieren Sie sein Verhalten und alles, was Ihnen an ihm auffällt, z.B.: Was macht seine Faszination aus? Wie bewegt es sich? Was isst es? Wie ist sein Tagesablauf?, etc.

Schreiben Sie diese Eigenschaften, Fähigkeiten, Angewohnheiten auf.

Nutzen Sie in einem weiteren Schritt das Analogiedenken (siehe auch Seite 48), um diese Eigenheiten des Tieres allgemeiner zu beschreiben.

Dann können Sie sich fragen, was Sie von diesem Tier lernen können. Hat es vielleicht eine beeindruckende Kombi-

Gerade Tiere, denen wir sonst nicht so viel positive Beachtung schenken, können uns oft faszinierende Fähigkeiten und Eigenschaften offenbaren.

nation an Eigenschaften, die Sie gar nicht für möglich gehalten hätten? Solche Beobachtungen schenken uns neue Sichtweisen.

Tipp: Suchen Sie sich einen »ungewöhnlichen« Tierlehrer: Machen Sie diese Übung mit einem Tier, dem Sie normalerweise nicht so viel Beachtung schenken, beispielsweise mit einem Marienkäfer oder auch mit einem Tier, dass Sie vielleicht gar nicht mögen, einer Mücke, einer Fliege oder einer Spinne.

Sie werden erstaunt sein, wie sich Ihr Blickfeld und Ihr Verständnis erweitern. Wiederholen Sie diese Übung mit unterschiedlichen Tieren, sooft Sie möchten.

## Pflanzenbegegnung

Gibt es eine Pflanze, die Sie schon immer gerne näher kennenlernen wollten oder mit der Sie sich besonders verbunden fühlen? Suchen Sie die Pflanze in der Natur auf. Begrüßen Sie sie, stellen Sie sich vor, so wie Sie es mit einem anderen Menschen auch täten. Erzählen Sie (laut oder leise), warum Sie gekommen sind.

Dann betrachten Sie die Pflanze zunächst genau. Wie sieht sie aus? Welche Formen und Farben finden Sie an ihr? Welche Gestalt hat sie? Erforschen Sie die Pflanze mit

**Auf der Suche nach dem verborgenen Wissen über die Kommunikation mit den Pflanzenwesen gab mir das Schöllkraut wichtige Hinweise.**

allem, was Ihnen Freude macht: Wie riecht sie? Wie schmecken (ungiftige) Teile der Pflanze? Wie fühlt sie sich an? Bewegt sie sich, macht sie Geräusche? Wird sie besucht von Tieren? Lebt Sie mit anderen Pflanzen in Gemeinschaft zusammen?

Diese sehr genauen Beobachtungen sind wie eine Meditation – eine Fokussierung, die Ihnen den Weg öffnen kann, auf eine weitere Ebene der Begegnung mit dem Pflanzenwesen zu kommen. Wenn Sie möchten: Stellen Sie der Pflanze Fragen, erzählen Sie von sich oder warten Sie, ob die Pflanze von sich aus eine Botschaft für Sie hat.

Seien Sie aufmerksam, auch wenn die Pflanze Ihnen vielleicht Botschaften vermittelt, von denen Sie glauben, dass es gar nichts mit Ihrer Frage zu tun habe. Protokollieren Sie am besten alles sofort in Ihr Notizbuch. Denn später erinnert man sich nicht mehr an alles, vor allem nicht an die Dinge, die man nicht gleich verstanden hat. Und oft sind gerade diese Dinge im Nachhinein die interessantesten Mitteilungen.

Zum Schluss schenken Sie der Pflanze etwas, bedanken Sie sich, verabschieden Sie sich. Mit der Verabschiedung treten Sie wieder zurück in die Alltagswelt.

Auf diese Art und Weise können Sie verschiedene Pflanzenwesen kennenlernen oder aber auch eine Pflanze immer wieder aufsuchen. Sie wird Ihnen immer wieder neue interessante Dinge offenbaren.

*»Und dann erfüllt es mich wieder, dieses zauberhafte Gefühl, dass ich angebunden bin an eine Welt, die hinter den Dingen liegt, und dass ich verbunden bin mit den Wesen, die dort leben und die mich lieben.«*

**Die Begegnung mit dem bezaubernden kleinen Gundermann kann uns mit mächtigen Heilkräften bekannt machen.**

# Orientierung in Zeit und Raum

Die Orientierung in Zeit und Raum ist für einen Schamanen sehr bedeutsam, denn er bewegt sich auf seinen Reisen in die Anderswelt in einem äußerst komplexen Zeit-Raum-Gefüge und möchte dort nicht verloren gehen.

Für uns ist es interessant, unsere gängigen Vorstellungen von Zeit und Raum einmal in Frage zu stellen und zu lernen, die Qualitäten von Raum und Zeit bewusster wahrzunehmen.

## Zeit ist relativ

*»Alles muss wieder an seinen Platz. Das wird Euch unglaublich Erleichterung verschaffen!«*

(Der Holunder)

Die Zeit ist nicht das, wofür wir sie gewöhnlich halten. Das ist eine spannende Erkenntnis, die häufig auftaucht, wenn man sich in schamanische Welten begibt. »Sie [die Zeit] scheint reichlich vorhanden zu sein.«, bemerkte Aldous Huxley in seinem Buch »Die Pforten der Wahrnehmung« über sein Experiment mit der bewusstseinsverändernden Substanz Meskalin. In verschiedensten Märchen und

Sagen wird geschildert, wie die normale Zeitwahrnehmung außer Kraft gesetzt ist oder die Zeit angehalten wird. Das bekannteste Beispiel ist wohl das Märchen von Dornröschen: Als sie aus ihrem hundertjährigen Schlaf erwacht, ist sie erstaunlicherweise noch immer im heiratsfähigen Alter.

## Die Zeit – mal ganz anderes betrachtet

Bei meinen Begegnungen mit den Pflanzendevas wurde sehr häufig das Thema Zeit angesprochen und ich erhielt wunderbare Anregungen, meinen Umgang mit der Zeit neu zu überdenken.

So werde ich wohl nie vergessen, dass ich bei einer Begegnung mit dem Weißen Gänsefuß (*Chenopodium album* L.) die Botschaft erhielt: »Ihr dürft die Zeit niemals »totschlagen«! Das ist gefährlich, denn sie schlägt zurück!«

Als ich in einem gewaltigen Weißdornstrauch (*Crataegus* spec.) stand, der mit seinen dornenbewehrten Zweigen einen höhlenartigen Raum bildete, fragte ich ihn: »Was beschützt du hier?« Und er antwortete: »Momentan dich!« »Wovor?«, fragte ich. »Vor der Zeit. Die grausame Zeit hat hier keine Macht!«, war seine Antwort. Ich war fasziniert. Gerade weil mir der Weißdorn als das bedeutendste Phytotherapeutikum für Herzerkrankungen bekannt ist und ich doch alleine niemals auf diese drastische Formulierung des Zusammenhangs zwischen der Herzbefindlichkeit mit der Zeit gekommen wäre!

Der Steinklee (*Melilotus officinalis* (L.) PALLAS) wiederum erklärte mir: »Zeit ist eigentlich unbedeutend. Zeitqualitäten sind entscheidend. Das Füllen des Momentes. Mit Qualität!« Und er forderte mich mit verwirrenden Formulierungen auf: »Zeit muss an ihren Platz! Zeit muss Raum geben. Zeit muss Raum haben. Zeit muss frei sein. Freiräume schaffen. Ihr müsst frei in der Zeit sein, ihr Menschen. Befreit euch von engen Zeit-Räumen!«

## Natürliche Zeit-Wahrnehmung

Lassen Sie sich einmal darauf ein, die Zeit jenseits der Uhr zu betrachten. Die Rhythmen der Natur schenken uns sehr vielfältige Zeitqualitäten, die wir bewusst nutzen und auch genießen können. Die Zeitqualitäten der Natur wahrzunehmen bedeutet gleichzeitig auch, sich selbst wahrzunehmen: Wann geht es mir am besten? Welche Zeitqualität passt zu welcher Tätigkeit?

Vielleicht können Sie manche Zeiten nutzen, um besonders viel gute Kraft für sich zu tanken, und andere eher, um in andere Welten zu reisen oder sich zu entspannen. Erforschen Sie Ihre eigene Welt der Zeit-Wahrnehmung.

**Die Zeit des Vollmonds übt eine magische Anziehungskraft auf uns aus.**

## Tageszeit – Zeitqualitäten

Diese Übung können Sie zu jeder beliebigen Zeit machen. Schließen Sie die Augen. Machen Sie sich nacheinander bewusst:

Welche Tageszeit ist jetzt? Wie fühlt sich diese Zeit an? Beschreiben Sie sie – gerne ganz frei und vielleicht ganz poetisch, oder auch anhand folgender Fragen: Welche »Farbe« hat diese Zeit und welche »Form«? Wenn diese Zeit ein Mensch wäre, wie sähe er aus? Gibt es Pflanzen oder Tiere, die besonders gut zu dieser Zeit passen? Welche Tätigkeiten üben Sie normalerweise zu dieser Zeit aus? Fühlt sich das gut und stimmig an oder eher nicht? Was würden wohl Menschen, die keine Uhr haben und in der Wildnis leben, zu dieser Tageszeit für Tätigkeiten ausüben?

## Jahreszeit – Zeitqualitäten

Diese Übung können Sie zu jeder beliebigen Zeit machen. Schließen Sie die Augen. Machen Sie sich nacheinander bewusst:

Welche Jahreszeit ist jetzt? Wie fühlt sich diese Zeit an? Beschreiben Sie sie – gerne ganz frei und vielleicht ganz poetisch oder auch anhand folgender Fragen: Welche »Farbe« hat diese Zeit und welche »Form«? Wenn diese Zeit ein Mensch wäre, wie sähe er aus? Gibt es eine Pflanze oder ein Tier, die oder das gut zu dieser Jahreszeit passen? Welche Tätigkeiten üben Sie normalerweise zu dieser Jahreszeit aus? Fühlt sich das gut und stimmig an oder eher nicht?

Machen Sie sich bewusst, welchen Einfluss die Jahreszeiten auf Sie haben, und versuchen Sie, diese Kraft für sich zu nutzen.

## Mondphasen – Zeitqualitäten

**Beobachten Sie zwei Tage vor bis zwei Tage nach Neumond oder Vollmond wie es Ihnen geht:**

Welche Themen sind gerade für Sie wichtig, wie sind Ihre Haut und Haare beschaffen, wie ist Ihre Gesundheit und Ihr Wohlbefinden usw. Beobachten Sie sich und Ihr Befinden auf die gleiche Art in den zwei Wochen bei zunehmendem Mond und den zwei Wochen bei abnehmendem Mond.

Machen Sie diese Übung über mindestens drei Monde hinweg. Schauen Sie dann, ob Sie Gesetzmäßigkeiten erkennen können.

## Frühlingsgefühle – Naturmeditation

**Dies ist ein Beispiel für eine intensive Auseinandersetzung mit einer Jahreszeit. Übertragen Sie diese Übung auch auf andere Jahreszeiten, um so die verschiedenen Zeitqualitäten nutzen zu können.**

Machen Sie einen Spaziergang und nehmen Sie die Kraft des Frühlings bewusst wahr: Welche Qualitäten nehme ich wahr (im Vergleich zu anderen Jahreszeiten)? Wie nehme ich mich im Frühling wahr? Was macht die Frühlingskraft mit uns Menschen ganz allgemein? Wofür ist sie wichtig?

Der Frühling ist eine interessante Zeit, um sich selbst »im Spiegel der Natur« wahrzunehmen. Überall herrscht Aufbruchsstimmung, draußen wird es immer grüner, bunter, bewegter und lauter – die Pflanzen wachsen rasch, die Knospen schwellen, die Blätter entfalten sich, die Blüten öffnen sich, die Vögel zwitschern … Es ist die Zeit der raschen Verwandlung.

Eine gute Zeit, um sich selbst zu fragen, wo man sich noch weiterentwickeln möchte, was man entfalten und zum

Erblühen bringen will, we man am fröhlichen Frühlingskonzert und an der gewaltigen Lebenskraft, die sich da in der Natur zeigt, teilhaben kann.

Wie kann ich mehr Freude und Glück in mein Leben bringen? Wie kann ich mich wohlfühlen, mit meiner Familie, meinen Freunden, meinem Beruf, meiner Berufung? Wo stehe ich eigentlich gerade in meinem Leben und wo möchte ich hin?

Finden Sie Antworten in der Beobachtung der Natur und der achtsamen Wahrnehmung Ihrer eigenen Reaktionen, Ihrer Gedanken und Gefühle. So können Sie Ihren ureigenen Wünschen, Träumen und Bedürfnissen näher kommen.

**Der Frühling – die wiedererwachende Lebenskraft reißt uns mit in ihren Bann – lassen wir uns verzaubern und verwandeln!**

Viele verschiedene Dinge machen die Qualität eines Ortes aus.

## Geomantie

Die Geomantie ist vom Wortsinn her eine Form der Weissagung (Mantik). Heute verstehen wir darunter die Praxis der Erfassung der unsichtbaren Qualitäten von Orten. Dazu gehören z. B. das Auffinden von Wasser- und Erzadern, Strahlungsmessungen und auch intuitive Wahrnehmungsmöglichkeiten. Weiterhin wird auch die Gestaltung der Orte im Einklang mit den vorhandenen materiellen und immateriellen Gegebenheiten zur Geomantie gezählt.

## Den Raum »spüren«

Ebenso wie die Zeit nehmen wir auch Räume heute nur selten mit dem Gefühl wahr. Wir leben zumeist in rechteckigen Räumen, die sehr überschaubar sind. Wenn wir nach draußen gehen, ist es ähnlich: Straßen und Gebäude – Häuserschluchten und U-Bahn-Schächte oder aber Wälder, Felder und Wanderwege. Wir nutzen Stadtpläne, Landkarten und Navigationsgeräte, um uns zu orientieren. Doch selten stellen wir uns die Fragen: Wie geht es uns an dem Ort, an dem wir uns befinden? Und: Wie geht es diesem Ort? Das zunehmende Interesse an der Geomantie zeigt, dass es hier noch viele spannende Fragen zu klären gibt.

## Orte und ihre Kräfte

Manche Orte haben von Natur aus besondere Kräfte, andere werden durch vielfältige Einflüsse bestimmt. Im Schamanismus kennt man die Idee von einem »Ortsgeist«. Der Ortsgeist kann ein ganz bestimmter Geist sein, der dort präsent ist. Mitunter kann er auch verstanden werden als die Personifikation verschiedener Kräfte, die an diesem Ort zusammenwirken.

Die Qualität eines Ortes kann z. B. durch folgende Einflüsse bestimmt werden:
- historische Ereignisse, die dort stattgefunden haben,
- Menschen, Pflanzen, Tiere und Steine, die sich an diesem Ort befinden,
- die Landschaftselemente wie Hügel, Seen und Flüsse,
- Materialien, die beim Bau von Gebäuden verwendet wurden,
- die Nutzung wie z. B. in Form von Landwirtschaft, Verkehr oder Wohnen bzw. für Geselligkeit, Schlafen oder Lernen,
- unterirdische Wasser- oder Erzadern sowie Strahlung,
- die Geistwesen, die mit diesem Ort in Verbindung stehen (z. B. Pflanzen- und Tiergeister, Totengeister, Landschaftsengel, Elementarwesen etc.).

Die Qualität des Ortes kann entscheidend für unser Wohlbefinden sein. Wir sollten ihr wieder mehr Aufmerksamkeit schenken. Mitunter können wir die Beziehung zu den Ortsgeistern aktiv gestalten und so auch die Qualität von Orten verändern (siehe auch Kapitel »Die Kraft der Verbindung«, Seite 130).

Die Vorstellung, dass überall in der Natur möglicherweise Geister wohnen könnten und unsichtbare Kräfte herrschen, ist für uns heute ungewohnt. Doch wir können uns dafür sensibilisieren, solche Einflüsse aus der Anderswelt wieder zu entdecken, und lernen, damit umzugehen. Oft erkennen wir dann: Wahrgenom-

Die Pflanzen, die an einem Ort wachsen, haben einen großen Einfluss auf die Qualität des Ortes bzw. werden von der Qualität des Ortes angezogen und beeinflusst.

men haben wir sie schon immer, nur »Be-Achtung« und »Be-Deutung« haben wir ihnen nicht geschenkt …

## Ortsqualitäten in der Natur wahrnehmen

Setzen Sie sich an den Ort, den Sie erforschen möchten – bequem, aber in aufmerksamer Haltung. Konzentrieren Sie sich zunächst auf sich selbst, auf Ihren Körper und Ihren Geist. Stellen Sie sich folgende Fragen: Wie geht es mir? Jetzt in diesem Moment? Wie geht es mir, hier an diesem Ort? Wie fühlt sich der Ort an? Wie geht es mir, wenn ich diesen Ort betrachte?

Machen Sie die Augen mal zu und schauen mehr innerlich und dann mal wieder auf und sehen Sie, was Sie auch äußerlich umgibt. Breiten Sie dann schrittweise Ihre Wahr-

nehmung aus: Wie fühlt sich das an, was sich ca. ein Meter um Sie herum befindet? Hat es Einfluss auch auf Ihr Inneres? Dann erforschen Sie den Raum bis zu zwei Meter weit entfernt um Sie herum usw. Seien Sie aufmerksam, ob sich irgendwo Grenzen befinden, die Sie respektieren sollten, d.h., wo Sie gedanklich nicht weitergehen sollten!

## Visionsreise im Raum

Betrachten Sie den Raum, in dem Sie sich befinden, haargenau. Was befindet sich dort alles? Dann schließen Sie die Augen und betrachten Sie den Raum mit Ihrem inneren Auge erneut. Sehen Sie Farben? Formen? Dichtes oder Leichtes? Was befindet sich alles im inneren Raum?

# Extra: Räuchern und Räucherrituale

Das Räuchern lehrt uns das Staunen über die Zauberkräfte der Natur: Aus unscheinbaren Pflanzenteilen erheben sich dampfender Nebel und eindrucksvolle Düfte. So dient das Räuchern der Kommunikation mit dem, was normalerweise im Verborgenen liegt.

## Räuchern als schamanisches Ritual

*»Räucherstoffe sind besondere Geschenke der Natur.«*

Das Räuchern ist eine uralte schamanische Technik. Auf glühender Kohle verdampfen aromatische Harze oder getrocknete Pflanzenteile wie Hölzer, Früchte oder Blätter. Der Vorgang selbst symbolisiert, worum es dabei geht: Die materielle Substanz vergeht, der Rauch steigt in den Himmel und verbindet so die sichtbare, materielle Welt mit der unsichtbaren, geistigen Welt. So wurde das Räuchern seit jeher genutzt, um Kontakt zur Anderswelt herzustellen, zu Geistern und Göttern. Besonders angenehme Düfte werden den Andersweltlichen als Geschenke dargebracht. In den meisten Kulturen wird Weihrauch (der geweihte Rauch) als

»Nahrung der Götter« angesehen. Unangenehm riechende Substanzen werden verwendet, um störenden Geistern die Botschaft zu überbringen: Du bist hier nicht erwünscht!

## Vom Nutzen des Räucherns

Räuchern kann zur Unterstützung einer Meditation oder eines Rituals angewendet werden und eignet sich hervorragend zur »energetischen« Reinigung. Das Räuchern hat auch pharmakologische Wirkungen, die allerdings wenig erforscht sind. Früher hat man das Räuchern auch zu medizinischen Zwecken genutzt. So wurden beispielsweise Krankenzimmer zur Desinfektion der Luft mit Thymian oder Birkenrinde ausgeräuchert. Eine gute Übersicht über Räucherstoffe, ihre Geschichte und ihre Wirkungen hat der Ethnopharmakologe Dr. Christian Rätsch in seinem Buch »Räucherstoffe – Der Atem des Drachen« zusammengestellt.

## *Praxis des Räucherns*

Zum Räuchern benötigt man ein feuerfestes Gefäß, z. B. aus Keramik, Metall oder Speckstein. Man füllt es mit Sand und stellt es auf eine wärmeundurchlässige Unterlage, wie z. B. Kork, um den Boden oder Tisch darunter vor der Hitze zu schützen. Die Räucherkohle entzündet man an einer Seite und legt sie hochkant in den Sand, bis sie einmal komplett durchgeglüht ist. Dann wird sie flach hingelegt. Zum Hantieren mit der Räucherkohle eignet sich eine Metallzange. Nun können getrocknete Pflanzenteile oder Harze auf die glühende Kohle gelegt werden. Mit den Händen, Vogelfedern oder einem Fächer kann der Rauch im Raum verteilt werden. Das Räucherwerk muss immer wieder nachgelegt werden. Während Harze meist nahezu rückstandslos verglimmen, müssen krautige und holzige Pflanzenteile zwischendurch oft von der Kohle abgekratzt werden, bevor sie beginnen, verbrannt zu riechen. Generell gilt: Das Räucherwerk darf nicht brennen, nur glimmen. Immer auf feuerfeste Unterlagen sowie genug Hitzeschutz achten und bedenken, dass Funkenflug entstehen kann.

Harze treten aus, wenn die Rinde der Bäume verletzt wird. Da man in den Bäumen verschiedene Gottheiten verehrte, wurden sie auch als »Tränen der Götter« bezeichnet.

## Räucherstoffe

Achten Sie beim Kauf von Räucherstoffen auf eine gute, naturreine Qualität. Wenn Sie selbst sammeln möchten: Räucherstoffe müssen immer absolut trocken und Harze gut abgelagert sein, mindestens ein Jahr. Das Räuchern mit Harzen ist relativ einfach, mit leichten, krautigen Pflanzenteilen braucht es etwas Übung.

## Praxistipp

Wenn Sie Kräuter zum Räuchern verwenden wollen, geben Sie sie zusammen mit einem Harz in eine Mörserschale und verreiben Sie die verschiedenen Bestandteile mit dem Stößel zu einer feinkörnigen, einheitlichen Mischung. Der Anteil der Kräuter sollte dabei geringer sein als der der Harze.

# Das Räucherritual

Räucherrituale sind eine wunderbare Form der Innenwelt-Reise. Bei einem Räucherritual kann man sich gut entspannen oder zu bestimmten Fragen und Themen auf die Reise gehen.

Die hier von mir vorgestellte Form der Räucherrituale basiert auf der Technik der akustisch-olfaktorischen Stimulation, die von Dr. Christian Rätsch entwickelt wurde. Der Ethnopharmakologe und Schamanismusexperte hat weltweit in vielen noch traditionell schamanischen Kulturen den Gebrauch von Räucherstoffen studiert und seine Erkenntnisse in eine für unsere Zeit sehr praktikable Form des Räucherrituals umgesetzt. Dabei regt eine wohldurchdachte Kombination aus Duft, Nebel und Musik die geistigen Innenwelten zu immer wieder neuen Wendungen an. Sie hilft, sich von gedachten Gedanken zu lösen und so aus den gewohnten Denkschleifen auszusteigen. Wie auf einem »fliegenden Teppich« aus Rauch und Klang können wir so in Welten jenseits des Alltags reisen und unsere Seele verzaubern lassen. Räucherrituale stimulieren die Inspiration – es entstehen oft Gedanken und innere Bilder, die neue Sichtweisen mit sich bringen und dazu beitragen, dass wir etwas Neues erfahren über uns und die Welt.

## *Praxis des Räucherrituals*

Im Idealfall finden Sie jemanden, der Sie bei Ihrem Räucherritual begleitet, d. h. sich für Sie um die Musik und das Räuchern kümmert. Es ist jedoch auch möglich, das Ritual alleine durchzuführen. Sie benötigen einen Platz, an

»Weihrauch« bezeichnet nicht nur das Harz des Weihrauchbaums, sondern verschiedene, »den Göttern geweihte«, Räuchersubstanzen.

dem Sie sich hinlegen können, eine Decke, ein Kissen, warme Socken, um es sich bequem zu machen. Weiterhin benötigen Sie ein großes Räuchergefäß, Räucherharz oder eine gute Räuchermischung und geeignete Musik, die Ihnen eine entspannte und dennoch anregende, abwechslungsreiche Reise für etwa eine Stunde ermöglicht. Entzünden Sie die Räucherkohle an einer Seite und stellen Sie sie hochkant in den Sand. Wenn Sie bis zur anderen Seite durchgeglüht ist, legen Sie sie waagerecht in den Sand. Machen Sie die Musik an und legen Sie das Räucherharz auf.

Noch im Sitzen können Sie sich zunächst noch einmal das Thema Ihrer Innenwelt-Reise vor Augen führen. Formulieren Sie gegebenenfalls die Frage, der Sie nachgehen möchten, in ein bis zwei Sätzen.

Legen Sie reichlich Räucherware auf die Kohle und legen Sie sich entspannt hin. Nutzen Sie Ihre Fragen bzw. Beschreibungen oder Bilder zu einem bestimmten Thema als Eingangsbild für Ihre Reise und lassen Sie dann Ihren Gedanken freien Lauf. Lassen Sie Ihre Seele frei fliegen. Treiben Sie auf dem Fluss Ihrer Gedanken. Und schauen Sie einfach zu.

Welche Bilder, Gedanken, Erinnerungen treten auf? Welche Gefühle? Vielleicht haben Sie auch körperliche Wahrnehmungen.

Wenn Sie alleine sind, möchten Sie vielleicht zwischenzeitlich noch einmal Räucherware nachlegen. Wenn jemand Sie begleitet, sorgt er regelmäßig dafür, Rückstände der bereits verdampften Pflanzenteile und Harze von der Kohle zu entfernen und neues Räucherwerk nachzulegen.

Wenn die Musik zu Ende ist, kommen Sie langsam in die Alltagsrealität zurück. Recken und strecken Sie sich, machen Sie das Fenster auf, machen Sie eventuell etwas Licht an. Erzählen Sie Ihre Erlebnisse Ihrem Begleiter oder schreiben Sie sie auf, wenn Sie möchten.

## Geeignete Musik und Räucherstoffe

Musik und Räucherstoffe sollten zum Thema des Räucherrituals passen. Rein akustische Musik ist besser geeignet als solche mit Texten, die Sie möglicherweise ablenken. Viele Menschen bevorzugen Musik mit einem durchgängigen Rhythmus und sphärischen Klängen, die ihnen hilft, in einen leicht tranceartigen Zustand zu gelangen. Wichtig: Die Musik sollte nicht allzu eintönig sein, sondern auch Anregungen für verschiedene innere Bilder bieten — ähnlich einer Filmmusik.

Tipp: Verwenden Sie für ein Räucherritual ohne Begleitung am besten nur Harze, da sie nicht so häufig nachgelegt werden müssen.

**Ein Räucherritual dient der Innenwelt-Reise und fördert Entspannung, Erkenntnis und Visionskraft.**

# Reisen in die Anderswelt

Reisen in die Anderswelt heißt auf der einen Seite: Kontakt aufnehmen mit den eigenen inneren Bewusstseinswelten und verborgenen Wissensquellen – und auf der anderen Seite: sich öffnen für Begegnungen mit den Wesen der Anderswelt.

Die Anderswelt ist in uns und auch außerhalb von uns. In die Anderswelt reisen kann jeder. Doch kommen wir unterschiedlich weit und sind unterschiedlich machtvoll, in der Anderswelt agieren zu können. Ich möchte betonen, dass eine »schamanische Reise« nicht unbedingt dasselbe ist wie die »Reise eines Schamanen« in tiefer, kontrollierter Trance.

Schamanen sind Meister in der Veränderung von Bewusstseinszuständen. Sie haben gelernt, mit den Kräften und Wesen der anderen Welten umzugehen, und kennen sich mit der Beschaffenheit und mit den Bewohnern der jenseitigen Welten bestens aus. Der Schamane hat besondere Gaben von den Geistern erhalten,

*»Die ekstatische Verbindung mit dem Ursprung ist die Grundlage für die Gesundheit, und sie ist notwendig zum Überleben.«*

(Eliot Cowan)

die ihn berufen haben. Die Trance des Schamanen ist Ekstase – ein »Aus-sich-Heraustreten« aus der menschlichen Existenz, sodass Fähigkeiten möglich werden, die für die meisten Menschen unmöglich zu erreichen sind.

## Erweiterung des Bewusstseins

Erweiterte Bewusstseinszustände sind jedem Menschen zugänglich. In unserer Kultur werden sie nur selten bewusst genutzt. Den Geist beflügeln und der Seele Beachtung schenken, sollten wir in einem geschützten Rahmen vielleicht viel häufiger tun. Alle Arten von »Reisen«, die uns ein zeitweises Verändern unserer Alltagswahrnehmung ermöglichen, können uns helfen, unseren Horizont zu erweitern und an sonst nicht zugängliche Informationen zu gelangen.

## Die Seele fliegen lassen

Ein Loslösen der Seele kann im Schlaf stattfinden, wenn wir träumen. Damit die Seele gezielt reisen kann, müssen wir sie von unserem Körper loslassen, ihr möglichst viel Freiraum, aber auch die nötige Orientierung bieten. Eine gute Möglichkeit bietet ein Räucherritual (siehe Seite 92). Wichtig: Anfang und Ende einer Anderswelt-Reise müssen klar definiert werden.

Folgende Techniken sind in den verschiedenen Kulturen der Welt entwickelt worden, um der Seele das Reisen zu ermöglichen:
- Entspannung und Meditation
- das rhythmische Trommeln oder Rasseln, auch elektronische Trancemusik
- Tänze (z.B. die Tänze der Derwische)
- Überreizung der Sinne durch heftige Geräusche, wie Rauschen, Pfeifen etc.
- Räuchern
- das Blicken auf Naturphänomene, z.B. in die Wolken schauen, in einen rauschenden Bach starren, ins prasselnde Feuer schauen, aufs Wasser blicken
- das Schauen in eine Kristallkugel
- der Gebrauch von psychoaktiven Substanzen

## Erdung und Reflexion

Nach der Anderswelt-Erfahrung sollte immer eine Reflexion der Erlebnisse im Wachzustand stattfinden, damit das Erlebte in das normale Leben integriert werden kann. Dabei kann geprüft werden, welche Anwendung das neu erworbene Wissen im gewöhnlichen Leben finden könnte.

**Dem tanzenden Feuer zuzuschauen kann den Übergang in einen Trancezustand fördern.**

## Trance und Ekstase

Trance (lat »transire« = überschreiten): Sammelbegriff für verschiedenste Zustände veränderten Bewusstseins. Sie ermöglicht erweiterte Formen der Wahrnehmung, die nicht dem logisch-reflektierenden Verstand verpflichtet sind. Auch Zustände tiefer Versenkung in eine Tätigkeit sind tranceähnlich.

Ekstase (griech. »ekstasis« = außer sich geraten): Ausnahmezustände mit dramatischer Veränderung des Bewusstseins. Umgangssprachlich verstehen wir darunter auch einen Zustand von besonders freudiger Aufgeregtheit durch Staunen, Bewunderung und Begeisterung.

## Schamanische Reisen und Rituale gestalten

Bei jeder Anderswelt-Reise und jedem Ritual, das Sie gestalten möchten, sollten Sie folgende Dinge beachten:

- Überlegen Sie, wie Sie Anfang und Ende der Reise bestimmen wollen, z. B. durch Beginn und Ende einer Musik.
- Welche Umgebung, welcher Ort, welche Zeit, welche weiteren Teilnehmer könnten dem Ablauf des Rituals förderlich sein?
- Mit welchen Symbolen, Bildern, Worten können Sie Ihre Einstellung und Erwartungshaltung so unterstützen, dass sie dem Zweck des Rituals förderlich sind?
- Überlegen Sie sich, welchen Ort und gegebenenfalls welche Wesen Sie in der Anderswelt aufsuchen möchten.

- Was ist Ihr Ziel? Wo suchen Sie eine Antwort? An wen möchten Sie eine Frage stellen?
- Was genau ist die Frage? Die klare und eindeutige Formulierung der Frage ist von äußerster Wichtigkeit. Damit richten Sie Ihre Aufmerksamkeit und bleiben stets gut orientiert.
- Laden Sie Ihre Verbündeten ein, Sie zu unterstützen und zu beschützen.
- Sorgen Sie für eine Phase der Nachbereitung, in der Sie die Erlebnisse und Ergebnisse des Rituals reflektieren.

Für erste Erfahrungen mit »Anderswelt-Reisen« ist es ratsam, sich einen guten »Reiseleiter« zu suchen oder sich an die unten beschriebenen Vorschläge zu halten.

**Das Schlagen der Trommel ist wie der Hufschlag des »Geistpferdes«, auf dem die Schamanen reiten.**

Mit den folgenden Übungen möchte ich einfache Techniken vorstellen, die Ihnen helfen können, die eigenen Bewusstseinswelten besser kennenzulernen und Geist und Seele Freiräume zu ermöglichen.

## Frau Holle und die Holunder-Reise

Ein schönes Bild für einen Einstieg in eine Anderswelt-Reise hat mir einmal der Holunder (»Frau Holle«) offenbart. Diese Reise eignet sich besonders für den Kontakt mit Pflanzenwesen und alle Fragen der Vernetzung mit der Natur.

Begeben Sie sich an einen Ort, wo Sie bis zu einer Stunde ungestört sein können. Das kann draußen in der Natur sein oder auch im Haus. Setzen oder legen Sie sich entspannt hin und vergegenwärtigen Sie sich die Informationen, die »Frau Holle« mir vermittelt hat. Sie erzählte mir, dass unter der Erde ihr Reich sei, wo sie herrsche und hüte. Dies sei auch die »Heimat« der Menschen. Diesen Ort solle ich immer in meinem Herzen behalten!

*»Durch mich hindurch kannst du dorthin reisen. Nimm mich als Tor, als Medium, als Schwelle. Steig den Stamm hinab bis zu den Wurzeln unter der Erde. Nimm die Wurzeln, geh in ihnen, sie bringen dich überall hin. Alles ist vernetzt und in Kontakt. Du kannst »reisen«, wohin immer du willst. Pass auf, schütze dich mit Liebe. Nimm eine weiße Blüte mit als Zeichen von Reinheit und Frieden. Steck sie dir ins Haar. Alle werden dich als gezeichnet erkennen.«*

(Der Holunder)

Gestalten Sie die Reise wie einen bewussten Tagtraum. Kehren Sie nach gegebener Zeit in die Alltagwirklichkeit zurück und bedanken Sie sich. Sich strecken, etwas essen und trinken oder auch barfuß durchs Gras laufen, sind gute Möglichkeiten, um sich wieder bewusst im Alltag zu verankern.

## Visionäres Wandern

Auch beim körperlichen Wandern können wir ein Stück weit in die Anderswelt reisen, indem wir neben unserer Alltagswelt einen zusätzlichen Bedeutungsraum eröffnen. Über eine gedachte Schwelle oder ein Tor in der Landschaft (z. B. zwischen zwei Bäumen) treten wir »bedeutungsvoll« hindurch. Nun können wir eine Frage stellen und dann auf die Zeichen achten, mit der die andersweltliche Ebene der Natur mit uns in Kontakt tritt.

Am Ende dieser »Anderswelt«-Wanderung treten wir über eine Schwelle oder durch ein Tor hindurch wieder zurück in unsere Alltagswelt.

**Der Holunder ist eine heilige Pflanze der Großen Göttin, unserer Mutter Erde. Aus dem Märchen kennen wir sie als »Frau Holle«.**

# Der Weltenbaum Yggdrasil

Der Weltenbaum dient den Schamanen auf ihrer Reise zur Orientierung (siehe auch Kapitel »Der Weltenbaum« ab Seite 16). So kann eine Reise zum Weltenbaum eine gute Möglichkeit zur eigenen Erforschung der Anderswelt und der persönlichen »Reisemöglichkeiten« sein.

Der Weltenbaum Yggdrasil wird in verschiedenen germanischen Quellen erwähnt. Daraus ergibt sich eine komplexe Beschreibung der Anderswelt, wie sie unsere germanischen Vorfahren geteilt haben:

Über Midgard, dem »mittleren Garten«, in dem wir uns normalerweise bewegen, befindet sich Ljosalfheim, das Heim der Lichtalben sowie der Geister der Pflanzen und des Windes. Noch weiter darüber, in Asgard, sind die Himmelsgötter zu Hause. Unterhalb von Midgard, in Svartalfheim, arbeiten die Schwarzalben und Zwerge, die mit den Geistern der Steine, der Metalle und des Feuers verbunden sind. Die Zwerge sind meisterhaft in der Herstellung von Schmuck und Zauberwaffen. Sie fertigen zum Beispiel den magischen Hammer Mjölnir für Thor und das Halsband Brisinggamen, dessen Schönheit die Liebesgöttin Freya bewegt, alles zu tun, um es zu bekommen. Noch weiter unten zu Füßen des Weltenbaumes befindet sich Hel, das Totenreich. Unter einer der Wurzeln des Weltenbaumes befindet sich der Brunnen der Erinnerung, der vom Riesen Mimir bewacht wird. Wer aus ihm trinkt, erhält das Ur-Wissen der Welt. Doch Achtung: Der Gott Wotan musste eines seiner Augen opfern, um daraus trinken zu dürfen. An einer weiteren Wurzel befindet sich der Brunnen der Urd, einer der drei Schicksalsnornen. Hier versammeln sich auch die Götter zum Thing, zur Ratsversammlung. Die drei Welten des Weltenbaumes werden durch eine Regenbogenbrücke verbunden, die von einem Wächter namens Heimdall bewacht wird. An

den Wurzeln des Weltenbaumes nagen – je nach Überlieferung – Würmer, Schlangen oder Drachen. Im Wipfel des Weltenbaumes sitzt ein Adler. Ein Eichhörnchen namens Ratatök läuft am Stamm des Weltenbaumes hinauf und hinunter und übermittelt Botschaften vom Adler zu den Schlangen und umgekehrt.

## *Reise zum Weltenbaum – Räucherritual*

**Diese Reise können Sie immer wieder unternehmen, wenn Sie Orientierung suchen, sich selbst strukturieren möchten oder zu bestimmten Orten und Wesenheiten Kontakt aufnehmen möchten.**

Diese Reise stelle ich hier in Form eines Räucherrituals vor. Die Erläuterungen zum Räuchern und zum Ablauf eines Räucherrituals finden Sie auf Seite 92.

Noch im Sitzen können Sie sich zunächst das Thema Ihrer Anderswelt-Reise vor Augen führen. Lesen Sie dazu die oben stehende Beschreibung des Weltenbaumes Yggdrasil.

Erforschen Sie den Weltenbaum und seine verschiedenen Bereiche. Wenn Sie möchten, nehmen Sie folgende Fragen mit auf die Reise: Wie ist Ihre Beziehung zum Weltenbaum? Welche Bedeutung hat er für Sie? In welche Bereiche zieht es Sie? Mit welchen Wesen möchten Sie Kontakt aufnehmen? Werden Sie selbst zum Weltenbaum. Wie fühlt sich das an?

Kehren Sie nach gegebener Zeit zurück in die Alltagswelt. Bedanken Sie sich beim Weltenbaum.

**Geeignete Räucherstoffe zum Thema »Weltenbaum«:** alle Baumharze wie Kiefernharz, Fichtenharz, Sal, Dammar, Weihrauch, außerdem Eichenholz, auch Holunderbeeren, Wacholderspitzen und Beifußkraut.

**Der Weltenbaum ist kein bestimmter Baum; es ist ein mythischer Baum. Wurzel, Stamm und Blattkrone symbolisieren Unter-, Mittel- und Oberwelt.**

# NetzWerken

GESTALTE DEIN LEBEN IN ZUSAMMENARBEIT
MIT DER NATUR. ERKENNE DEINE EIGENE KRAFT
UND DIE KRAFT DER VERBUNDENHEIT. »DURCH
UNSER WIRKEN IN RAUM UND ZEIT WIRKEN WIR
DIE WIRKLICHKEIT!«

# Dankbarkeit und Aufmerksamkeit

Der Schamanismus lebt durch das Miteinander der verschiedensten Wesen im großen schamanischen Kosmos. Eine respektvolle und dankbare Haltung ist hierfür eine Grundvoraussetzung.

In schamanischen Kulturen ist eine dankbare Haltung gegenüber allem, was einem das eigene Leben ermöglicht, eine Selbstverständlichkeit. Diese Dankbarkeit wird ganz bewusst empfunden und in verschiedensten Ritualen zelebriert. Dankbarkeit ist der Schlüssel, der die Türen für einen wahren Austausch und eine wahre Zusammenarbeit — eine Kommunikation auf Augenhöhe — öffnet.

*»Wenn man sieht, was das Leben für einen bereit hält, ohne nach den Dingen zu suchen, die eigentlich gar nicht für einen bestimmt sind, dann ist der Tisch immer reichlich gedeckt!«*

(Die Eiche)

## Geschenke für die Anderweltlichen

Opfergaben spielen in schamanischen Ritualen eine große Rolle. Es sind Geschenke an die Götter oder die Geister. »Kleine Geschenke erhalten die Freundschaft«, sagt man bei uns. So dienen auch die Opfergaben der Pflege guter Beziehungen.

Jede Form von Aufmerksamkeit ist ein Geschenk für die Andersweltlichen. Die Andersweltlichen mögen symbolische Speisen und Getränke, aber auch Blumen, Musik, Düfte, Tanz und Gedichte. Die Pflanzengeister »ernähren« sich ganz besonders von Liebe. Die Schlangengeister lieben Maismehl. Allgemein werden häufig Getreide, Gebildebrote, Honig, Nüsse, Wasser, Bier, Met oder Milch den Geistern gereicht. Auch rote Farbe oder Ocker werden häufig gebraucht. Damit wird symbolisiert, was man bereit ist, von sich zu geben – sogar das eigene Blut, die Lebenskraft.

## Dankbarkeit öffnet neue Perspektiven

Dankbarkeitsrituale sind ganz einfach und bewirken das Umlegen eines wichtigen Schalters im Inneren. Wir sind in unserer Gesellschaft heute sehr von Anspruchshaltung, Kritik und Konkurrenz geprägt. Was steht uns nicht alles zu und warum sollten wir weniger haben als andere! Und wenn der eine »es nicht bringt«, dann suchen wir uns den nächsten. So werden wahre Beziehungen von vornherein verhindert. Wir können für so vieles dankbar sein, im Großen wie im Kleinen: Wir leben in Frieden und Freiheit und werden fast alle gut versorgt. Verglichen mit den Generationen vor uns, leben wir in einem unglaublichen Luxus: in beheizten Wohnräumen mit bequemen Betten, mit vitaminreicher, leicht zu beschaffender Nahrung das ganze Jahr über, in guten hygienischen Verhältnissen, mit ärztlicher Notfallversorgung usw. – um nur einige Dinge zu nennen.

### Dankbarkeit ist immer möglich!

In jeder Sekunde können wir jedem für etwas dankbar sein – manchem mehr, manchem weniger. Denn selbst die für uns negativen Dinge machen uns zumindest auf etwas aufmerksam und bilden damit die Basis für uns, etwas daran zu ändern. Durch Krankheit erkennt man den Wert der Gesundheit, durch Entfremdung den Wert der Verbundenheit, durch Lieblosigkeit den Wert der Liebe etc..

## Freude ist Dankbarkeit

Eine häufige Botschaft der Pflanzendevas ist, dass sie sich mehr freudiges Feiern gemeinsam mit den Menschen wünschen. Früher gab es in den Dörfern bestimmte Bäume, die Mittelpunkt von Dorffesten waren, in denen oder um die herum getanzt wurde. Bekanntestes Beispiel sind die Tanzlinden, die v. a. in einigen ostfränkischen Regionen auch heute noch »betanzt« werden.

*»Eigentlich wollen wir Feste mit euch feiern, bunt und rauschend, voll guter, wunderbarer Wellen von Energie. Das Leben wollen wir als Fest feiern mit euch!«*

(Der Roggen)

**Im asiatischen Raum werden Aufmerksamkeiten für die Andersweltlichen oft sehr kunstvoll gestaltet.**

## Unsere Nahrung

Ein dankbarer Blick auf all das, was unseren Körper nährt, erscheint logisch. Doch oft denken wir sehr negativ über unsere Nahrungsmittel. Und dann vergessen wir, unserem Dank Ausdruck zu verleihen. Wir schulden den Wesen Respekt, die für uns leben und sterben – Pflanzen und Tieren gleichermaßen.

### *Dank an mein Essen*

Die folgende Übung ist ein einfaches, sehr wichtiges Dankbarkeitsritual, das Sie immer wieder und überall durchführen können. Mit der Zeit wird es Ihnen auch immer bewusster machen, welche Nahrungsmittel Sie wirklich zu sich nehmen möchten und in welcher Qualität. Versuchen Sie, so viel wie möglich

davon umzusetzen. Betrachten Sie den Teller mit Ihrem Essen (egal ob Frühstück, Mittag, Abendessen, Kuchen …). Überlegen Sie: Welche Kräfte, welche Pflanzen, Tiere und Menschen sind daran beteiligt? Formulieren Sie Ihren Dank an alle dafür, dass Sie sich ernähren können.

Beispiel: Ich esse Schweinefilet mit Salbei und Schinken, dazu Kartoffeln und eine Käsesoße.

Ich danke dem Hausschwein, das sein Leben für mich gab, ich danke dem Salbei, der mir seine Blätter gab, ich danke der Kartoffelpflanze, die mir ihre Kinder gab, ich danke der Kuh, die ihre Milch gab für den Schmand und den Käse. Ich danke den Menschen, die die Pflanzen angebaut

Aufmerksam und respektvoll die Fülle der Natur zu genießen ist auch ein Weg unsere Dankbarkeit zu zeigen.

haben, die die Tiere gehalten haben, sowie den Menschen, die die Nahrungsmittel verarbeitet und gehandelt haben. Ich danke mir selbst für die Zubereitung. Ich danke meinen Ahnen für all das Wissen, das sie über die Versorgung mit Nahrung erarbeitet haben. Ich danke der Erde, der Sonne, dem Wasser, dem Wind, dem Feuer …

*Spruch vor Tisch:*
*»Erde, die uns dies gebracht,*
*Sonne, die es reif gemacht,*
*liebe Sonne, liebe Erde,*
*euch ich nie vergessen werde!«*

(Christian Morgenstern)

## Dank an meine Ahnen

Suchen Sie Ihren Ahnenaltar auf (siehe Kapitel »Das Band des Lebens«, Seite 74) oder suchen Sie sich ein ruhiges Plätzchen in der Natur (vorzugsweise an einem Holunderstrauch) oder auch im Haus. Entzünden Sie eine Kerze sowie eine Räucherkerze, bieten Sie Ihren Ahnen symbolisch Nahrung und Getränke an (zum Thema »Opfergaben« siehe Seite 104).

Denken Sie an Ihre Ahnen. Sprechen Sie für jeden Ihrer Ahnen mindestens einen Satz des Dankes aus. Sie sollten dabei auf jeden Fall Ihre Eltern und Großeltern auch mit Namen ansprechen.

Gehen Sie in der Reihe Ihrer Vorfahren so weit wie möglich zurück. Wenn Sie den Namen nicht wissen, vielleicht kennen Sie den Ort oder den Beruf, in dem Ihre Vorfahren gewirkt haben. Formulieren Sie jeweils mindestens einen Satz: »Ich danke dir … (Name) für ….« Finden Sie mindestens eine Sache, für die Sie dankbar sind! Wenn Ihnen nichts Besonderes einfällt, danken Sie dafür, dass Sie Ihnen Ihre Existenz ermöglicht haben.

Zum Schluss machen Sie die Kerze wieder aus – als Zeichen, dass das Ritual beendet ist. Lassen Sie die Speisen und Getränke noch bis zum nächsten Tag stehen und entsorgen Sie sie dann am besten an einem geeigneten Ort in der Natur.

## Dank an mich selbst

Respekt, Aufmerksamkeit und Dankbarkeit sollten auch vor dem eigenen Selbst nicht haltmachen! Wofür danken Sie sich selbst? Diese Übung können Sie jeden Abend machen: Wofür bin ich mir heute dankbar? Wenn Sie möchten, machen Sie auch ein Ritual daraus: Zünden Sie für sich eine Kerze an, schenken Sie sich einen schönen Duft, eine besondere Tasse Tee etc.

## Die reich gedeckte Tafel

Suchen Sie sich einen angenehmen Ort, an dem Sie für einige Zeit ungestört sein können. Wenn möglich, suchen Sie eine Eiche auf und setzen Sie sich zu ihren Füßen, lehnen Sie sich an ihren Stamm. Schließen Sie die Augen und stellen Sie sich vor: Vor Ihnen auf einer schönen Wiese liegt eine Tischdecke. Sie symbolisiert die »Tafel«, die für Sie in Ihrem Leben momentan gedeckt ist. Was befindet sich alles darauf? Versuchen Sie, sich so viel wie möglich zu vergegenwärtigen. Was steht Ihnen alles zur Verfügung (z. B. Wohnung, Auto, Fernseher, Heizung, Nahrung,…)? Welche Dinge? Welche Hilfe? Welche Menschen unterstützen Sie? Welche Pflanzen und Tiere sind bei Ihnen?

Wie groß und reich ist Ihre Tafel? Sind Sie zufrieden damit? Oder was möchten Sie gerne daran ändern? Vielleicht möchten Sie sie übersichtlicher machen? Die Qualität der Dinge verändern? Etwas ergänzen?

Bedanken Sie sich am Ende für das, was Ihnen zur Verfügung steht, und für die Einsichten, die Sie erhalten haben.

# Entfaltung und Entwicklung

Die Natur zeigt uns, wie schnell sich alles immer wieder wandeln kann. Darin liegt eine große Chance. Es ist eine häufige Botschaft der Naturwesen, dass wir an nichts festhalten müssen, was uns nicht guttut …

*»Immer wenn Krampf entsteht und Schmerz, bist du auf dem falschen Weg. Du musst immer der Schönheit und der Liebe folgen und dem aufrichtigen Gefühl.«*

(Die Haselnuss)

In Verbindung mit der Natur – gemeinsam – können wir so vieles schön gestalten. Wenn wir unseren Platz gefunden haben und den »Weg unseres Herzens« gehen, wird uns viel Hilfe zuteil. Bei meinen ersten Begegnungen mit den Pflanzendevas habe ich oft gefragt: Wie soll es denn nun weitergehen mit mir? Was soll ich tun? Was ist meine Aufgabe? Und als Antwort erhielt ich meistens eine Gegenfrage: Was willst du denn? So lernte ich, meine Wünsche richtig zu formulieren und mich auf meine Ziele auszurichten.

Um all die Gaben der Natur nutzen zu können, ist es wichtig, sich seiner eigenen Wünsche und Ziele und vor allem auch der grundlegenden Werte, die man pflegen und verfolgen möchte, bewusst zu sein.

## Die Knospe – »Potenziale entfalten«

Diese Visualisierung eignet sich, wenn Sie folgende oder ähnliche Fragen beantworten möchten:

**Was möchte ich noch weiter entfalten – zum Blühen bringen? Was für Potenziale in mir warten noch darauf, sich zu zeigen, in Aktion treten zu können, sich weiterentwickeln zu können? Was will ich in meinem Leben als Nächstes erreichen?**

Setzen oder legen Sie sich bequem an einen ruhigen Ort. Schließen Sie die Augen und beginnen Sie mit folgenden Bildern und Fragen:

Vergegenwärtigen Sie sich das Bild einer Knospe. Schließen Sie die Augen und lassen Sie die Knospe sich langsam entfalten. Was zeigt sich, wenn die Knospe aufbricht? Ist es ein Blatt oder eine Blüte, was sich da entfaltet? Welche Farbe hat es, welche Form? Wie groß wird es? Befindet sich vielleicht noch etwas anderes in dem Blatt oder der Blüte? Wie entwickelt sich alles weiter? Wo befindet sich die Pflanze? Wie lebt sie? Entstehen später Früchte aus der Blüte? Wie fühlt es sich an, wenn das entfaltete Blatt Sonnenstrahlen einfängt?

Sie können diese Visualisierungsübung so lange fortführen und ausgestalten, wie Sie möchten.

Abschließend können Sie die Sonne auf Ihre Blätter oder Blüten scheinen lassen und so »Kraft« tanken. Dann bedanken und verabschieden Sie sich. Schreiben Sie Ihre Erlebnisse und Ihre Bilder auf.

In einem weiteren Schritt – vielleicht mit etwas zeitlichem Abstand – können Sie die Bilder, die sich gezeigt haben, deuten, z. B. mithilfe des Analogiedenkens (siehe auch Kapitel »Die Natur der Dinge«, Seite 48).

## Der Löwenzahn

Seine Fähigkeit, an verschiedensten Standorten – fast überall auf der Welt – wachsen zu können, ist legendär. Dabei ist er äußerst anpassungsfähig: mal groß, mal klein, mal stärker gezähnt, mal mit kurzem, mal mit langem Blütenstängel – auf jeden Fall immer kraftvoll und unverkennbar er selbst!

Als Heilpflanze fördert der Löwenzahn unsere Beweglichkeit, kurbelt den Stoffwechsel an, löst Verstopfung auf, bringt den Kreislauf in Schwung, macht wach und ein gutes Lebensgefühl.

Beim Spiel mit der Pusteblume können wir ihn bitten, uns unsere Wünsche nach Veränderung zu erfüllen!

Magische Pflanze unserer Kindheit: Die mit Wünschen beladenen Samen fliegen hinaus in die Welt, auf dass sie irgendwo erhört werden …

## Die Symbolkraft der Knospe

Nach einer Wahrnehmungsübung bei einem meiner Seminare erzählte eine Frau sehr ausführlich von ihrer detaillierten Betrachtung einer verwelkten Mohnblüte. Sie hatte vor Kurzem ihre leitende Funktion in einer sozialen Einrichtung aufgegeben, um in den Ruhestand zu gehen. Zu ihrem Erstaunen teilte ich ihr mit, dass der Türkenmohn, den sie betrachtet hatte, noch gar nicht verblüht war, sondern dass sie eine pralle Knospe beobachtet hatte, die erst noch aufgehen würde …

## *Was willst du wirklich? – Richtig wünschen*

Gehen Sie zu einem Haselstrauch oder einer Pflanze, mit der Sie sich persönlich besonders verbunden fühlen. Begrüßen Sie die Pflanze. Betrachten Sie die Pflanze und den Ort, an dem sie wächst. Erzählen Sie, warum Sie gekommen sind: dass Sie sich gerne über Ihre Wünsche, Werte und Ziele klarer werden wollen.

Bitten Sie die Pflanze um Unterstützung dabei. Dann beginnen Sie (schreiben Sie am besten alles in Ihr Notizbuch, so arbeiten Sie strukturierter):

Formulieren Sie grob, was Sie sich wünschen, z. B. eine neue Arbeit. Beschreiben Sie nun ausführlicher, wie das sein sollte, was Sie sich wünschen – immer mit der Frage verbunden: Was wünsche ich mir wirklich? Denn hinter einem bestimmten Wunsch können verschiedene Motivationen stecken, z. B.:

• Ich wünsche mir eine neue Arbeit, weil ich mehr Geld brauche.
• Ich wünsche mir eine neue Arbeit, weil ich mich unterfordert fühle, weil ich bestimmte Fähigkeiten von mir weiterentwickeln und zur Anwendung bringen möchte.

• Ich wünsche mir eine neue Arbeit, weil ich mit anderen Menschen zusammenarbeiten möchte.
• Ich wünsche mir eine andere Arbeit, um mehr gesellschaftliche Anerkennung zu bekommen.

Vereinfachen Sie nun Ihre Formulierung wieder und machen Sie damit deutlicher, worum es wirklich geht, also z. B. gar nicht um eine neue Arbeit, sondern, z. B.:

• Ich wünsche mir, immer genug Geld zur Verfügung zu haben, um gut versorgt zu sein und um mir Dinge zu ermöglichen, die mich befriedigen.
• Ich wünsche mir mehr Umgang mit netten Menschen, der für mich anregend und unterstützend ist.
Wichtig: Wählen Sie dabei nur positive Formulierungen, keine Verneinungen, also nicht: Ich will keine Angst haben, sondern: Ich wünsche mir …
Machen Sie sich bewusst: Welches sind die Grundwerte, auf die es für Sie wirklich letztendlich ankommt: z. B. Glück, Wohlstand, Zufriedenheit …
Achten Sie sehr genau darauf: Welches sind Begriffe, Dinge, die Ihr Herz höherschlagen lassen bzw. es in freudige Aufregung versetzen?

Sagen Sie nur, was Sie sich wünschen, nicht, wie es geschehen soll – Sie müssen Freiräume lassen für Lösungen, auf die Sie selbst nie gekommen wären!

Sagen Sie, wann Sie sich das wünschen! Bitten Sie darum, es in einem bestimmten Zeitraum zu erhalten.

Bitten Sie nochmals die Pflanze um Unterstützung. Bedanken Sie sich. Schenken Sie etwas von sich. Verabschieden Sie sich.

**Die Hasel gilt seit alters als besonders freundliche Pflanze, die hilft, Wünsche zu erfüllen und Verborgenes aufzuspüren.**

# Schutz – Abgrenzung und Abwehr

Der Schutz vor negativen Einflüssen aus der Anderswelt spielte bei unseren Vorfahren eine große Rolle. Man brachte schutzmagische Zeichen an den Gebäuden an, trug Schutzamulette und hängte apotropäische Pflanzen vor Stall- und Haustüren sowie über die Betten der Kinder.

*»Die Engelwurz verjagt alle Hexen, Druden, Geister, Gespenster und Kobolde, hilft gegen den Hexenschuß (Ulcera magica) und wer sie bei sich trägt, ist vor allen bösen Einflüssen gesichert.«*

(Ritter von Perger)

Zum Schutz vor negativen Einflüssen haben Menschen seit jeher zahlreiche Techniken, Werkzeuge und Rituale entwickelt: Zum Schutz vor Verletzungen im Kampf haben Menschen Rüstungen und Lederkleidung getragen, zum Schutz vor Einbrechern Wände und Zäune errichtet sowie Alarmanlagen installiert. Zum Schutz vor Infektionen haben wir unsere Haut und unser Immunsystem.

Gerade auch bei Begegnungen mit der Anderswelt ist uns nicht alles nur freundlich gesinnt: Zum Schutz vor unsichtbaren schädlichen Einwirkungen haben sich Menschen schon immer schutzmagischer Symbole, bestimmter Rituale und insbesondere auch apotropäischer Pflanzen bedient.

# Abgrenzung ist überlebensnotwendig

Die Zelle ist die kleinste lebende Einheit aller Organismen. Sie ist der Grundbaustein aller Lebewesen. Jede Zelle ist von einer semipermeablen Membran umgeben, die die Zelle gegenüber der Umgebung abgrenzt und selektiv durchlässig ist. Dafür befinden sich in der Membran Rezeptor- und Kanalproteine, durch die Informations- und Stoffaustausch möglich sind. Das heißt: Sowohl die Abgrenzung von der Umwelt als auch der Austausch mit der Umwelt sind absolut grundlegende Prinzipien des Lebendigen.

Das richtige Maß zu finden zwischen dem Sich-öffnen für Dinge, mit denen wir uns austauschen möchten, und dem Sich-schützen vor Dingen, die uns schaden, ist extrem bedeutend für unsere Gesundheit – auf allen Ebenen!

## *Die eigenen Grenzen bewusst gestalten*

**Diese Übung hilft Ihnen, Ihre Grenzen zu gestalten und herauszufinden: Vor was möchte oder muss ich mich schützen? Was möchte ich gerne in mein Leben einlassen, um mich zu nähren – körperlich, geistig und seelisch?**

Setzen oder legen Sie sich bequem an einen Platz, wo Sie für längere Zeit ungestört sein können. Stellen Sie sich vor, Ihr ganzer Körper ist eine Zelle, umgeben von der Zellmembran. Stellen Sie sich vor, Sie sind komplett umhüllt von einer Schutz spendenden doppelten aber flexiblen Wand – gelartig, fließend, anpassungsfähig.

Nun überlegen Sie, welche Sinnesreize und welche Informationen Sie von außen gerne empfangen möchten. Bauen Sie entsprechende Rezeptoren bzw. Empfangselemente in Ihre Zellmembran ein: Wie sehen diese aus und wie viele davon möchten Sie haben? Dann überlegen Sie, welche Stoffe Sie aus der Umwelt benötigen und in Ihr inneres System aufnehmen möchten. Bauen Sie entsprechende Kanal- oder Transportelemente in Ihre Membran ein. Sie entscheiden, wann welche Kanäle offen sind. Wovor möchten Sie sich unbedingt schützen? Brauchen Sie zusätzlich besondere Abwehrvorrichtungen an Ihrer Außenwand? Gibt es vielleicht Verbündete, wie Pflanzen, Tiere, Steine, Ahnen, die Sie unterstützen können? Wiederholen Sie diese Visualisierung immer dann, wenn Sie spüren, dass es nötig ist, sich besonderes klar zu sein, wo und wie Sie Ihre Grenzen setzen möchten.

Zäune bieten Schutz vor Eindringlingen und markieren unseren Lebensbereich.

## Die magische Abwehrkraft

Ein Apotropaion (griech. »abwendend«) ist eine Schutzmaßnahme gegen Unheil bringende Kräfte aus der Anderswelt. Dies können z. B. furchterregende und fratzenartige Gesichter sein, Darstellungen von kraftvollen Tieren wie Löwen, augenförmige Amulette, Karomuster, Zickzacklinien etc. Oft sind apotropäische Handlungen auch mit Pflanzen verbunden, denen man schutzmagische Kräfte zuspricht.

# Pflanzen und Tiere als Beschützer

Die Natur auf ihre Abwehrstrategien hin zu beobachten zeigt uns eine große Vielfalt an Möglichkeiten. Tiere haben beispielsweise undurchdringliche Schuppenpanzer, bilden scharfe Krallen, Giftzähne und Stachel aus. Sie igeln sich ein, stellen sich tot oder schlagen ihre Gegner mit angsteinflößendem Gebrüll in die Flucht.

Die besonders wehrhaften Kräfte von Pflanzen und Tieren haben Menschen sich schon immer auch symbolisch zu eigen gemacht. Weiterhin haben sie sich mit bestimmten Pflanzen und Tieren verbündet. Ein Beispiel hierfür ist der Hund als treuer Freund und Beschützer des Menschen.

## Abwehrkräfte der Pflanzen

Viele Pflanzen haben äußerst interessante Abwehrmechanismen, um sich vor Feinden, insbesondere vor Fressfeinden, zu schützen. Seit einigen Jahren erforscht man intensiv diese Methoden der Pflanzen auch auf der chemischen Ebene. Doch hier mag es uns zunächst genügen, die ganz offensichtlichen Wehrstrategien der Pflanzen zu betrachten. Die Brennnessel etwa ist eine sehr zarte Pflanze, die sich mit ihren ausgeklügelten Brennhaaren dennoch sehr effektiv Mensch und Tier vom Leibe halten kann. Der Weißdorn hat mächtige, sehr spitze Dornen entwickelt, mit denen er nahezu undurchdringliche Dickichte schaffen kann. So bildet er auch Schutzräume für Mensch und Tier. Die Schafgarbe bildet äußerst zähe Stängel aus, sodass sie nahezu unverwüstlich ist und vom Menschen mit der bloßen Hand nicht geerntet werden kann. Bei manchen Pflanzen ist die Regenerationskraft ihre Strategie, Angriffe abzuwehren: Sie treiben vermehrt wieder aus, wenn Teile von ihnen abgeschnitten oder abgerissen werden.

## Magische Abwehrpflanzen

Im überlieferten Brauchtum finden wir recht häufig den Gebrauch von magischen Abwehrpflanzen. Es sind zumeist Gewächse mit starken Abwehrmechanismen wie Brennnessel und Weißdorn. Manche werden auch als Schutz- und Abwehrpflanzen betrachtet, weil sie dem Menschen besonders freundlich gesinnt sind, wie etwa die Birke, die dem Menschen so vieles zur Verfügung stellt: Feuerholz, das besonders gut brennt, Rinde, die sich als Schreibpapier, zur Herstellung von Gefäßen, Kochtöpfen, Kanus und Dachschindeln eignet, Birkenpech, der als Klebstoff verwendet werden kann, desinfizierende Räucherstoffe (Rinde, Samen), verschiedene Heilmittel, Birkensaft und sogar Nahrung in Form der Blätter und bestimmter Teile der Rinde.

Auch Pflanzen, die besonders stark duften, wie der Baldrian und Pflanzen, die aufgrund besonderer Eigenschaften als magisch besonders kraftvoll gelten, wie das Johanniskraut, sind als Apotropäen bekannt. Diese Pflanzen werden zum Schutz vor Verhexung und böser Magie vor die Stalltüren und über die Betten der Kinder gehängt, in die Fensterläden gesteckt oder auch in die Ecken der bestellten Felder. Auch hat man sie häufig als schutzmagische Amulette verwendet.

Die Brennnessel deutet mit ihren gezähnten Blättern ihre Wehrhaftigkeit an.

# Schutzmagische Pflanzen – eine kleine Auswahl

Pflanzen waren für unsere Vorfahren nicht nur Rohstofflieferant, Nahrung und Heilmittel, sondern wurden auch vielfältig für magische Rituale verwendet. Das überlieferte Pflanzenbrauchtum vermittelt uns einen Eindruck davon, welche starken Kräfte unsere Vorfahren in den Pflanzen sahen, und wir können erahnen, wie sie aufs Innigste mit ihren pflanzlichen Freunden verbunden waren.

## Birke

Zur Walpurgisnacht wurden große Birkenzweige vor die Stalltüren gestellt. Man glaubte, dass die vorbeifliegenden Hexen einem Zählzwang unterlägen und all die vielen kleinen Blätter zählen müssten, sodass sie dann keinen Schadenszauber ausüben könnten. Streicht man den Hausschweinen mit einem Birkenbesen über den Rücken, sollen sie ein Jahr lang vor Krankheiten bewahrt sein.

## Brennnessel

Brennnesseln sollten böse Geister verscheuchen oder gar »verbrennen«. Sie galten als besonders wirksam gegen die Verzauberung der Milch. Auch wurden sie gegen Krähen, Unkräuter und Diebe in die Ecken der Felder gesteckt.

## Eiche

Die Blätter galten als Schutz vor bösem Zauber. Früher trug man deshalb ein Blatt von einer heiligen Eiche bei sich.

## Engelwurz

Sie verfügt über starke Abwehrkräfte. Die Wurzel hing man Kindern um den Hals, um sie vor Verzauberung zu bewahren. Auch galt sie als heilsames Mittel gegen Krankheiten, die durch Verzauberung entstanden waren.

## Hasel

Die Hasel galt als Schutz vor jeglicher Gefahr, vor bösen Geistern und Vampiren, vor Blitz, Feuer, giftigen Schlangen, Krankheiten und bösem Zauber. Auf gefährliche Reisen oder wenn man des Nachts aus dem Haus musste, sollte man einen Haselstock mitnehmen.

## Johanniskraut

Das Johanniskraut wird im Volksmund auch »Teufelsflucht« genannt. Schon Paracelsus lobte seine schutzmagischen Kräfte sehr und empfahl, es immer irgendwo am Körper bei sich zu tragen.

## Weißdorn

Amulette aus Weißdornholz sollten besonders gut vor Krankheitsgeistern schützen. Keile aus Hagedornholz wurden zum Bannen von Krankheiten und bösen Kräften verwendet, wohl sogar zum Pfählen von Widergängern (»Untote«). Weißdornhecken eignen sich gut zur Abgrenzung von Ritualplätzen. Spazierstöcke aus Weißdornholz sollten den Wanderer vor umtriebigen Wichteln schützen und ihm Kraft geben. Ganz besonders gilt der Weißdorn auch als Beschützer eines ruhigen Schlafes.

## Wermut

Zum Schutz vor bösen Geistern trug man ihn beispielsweise unter der Achselhöhle. Das Kraut wurde an den Stalltüren befestigt. Auch wurde mit Wermut der Viehstall ausgeräuchert, damit die Hexen vertrieben werden und das Vieh nicht krank wird.

**Der Wermut ist eine außerordentlich kraftvolle Heil- und Schutzpflanze. Es ist eines der besten Stärkungsmittel, körperlich und psychisch.**

## Schutzamulett

Besorgen Sie sich ein kleines Beutelchen oder nähen Sie es selbst. Suchen Sie sich eine der vorher genannten Schutzpflanzen aus.

Beschäftigen Sie sich mit der Pflanze, sodass Sie sie besser kennenlernen. Nehmen Sie Kontakt mit ihr auf. Dann fragen Sie sie, ob Sie Teile von ihr als Schutzamulett verwenden dürfen. Wenn ja, geben Sie die Teile in Ihren Beutel. Stecken Sie ihn in die Hosentasche oder die Handtasche, in den BH-Ausschnitt, hängen Sie ihn im Auto auf oder über Ihr Bett – wo auch immer Sie den Schutz benötigen. Achten Sie darauf, wie es sich anfühlt, sich im Schutz dieser Pflanze aufzuhalten. Achten Sie darauf, wann Sie das Gefühl haben, den Schutz erneuern zu müssen. Denken Sie auch daran, sich bei der Pflanze für den Schutz zu bedanken.

## Einen Schutzraum gestalten

Haben Sie einen Garten oder einen Balkon? Vielleicht möchten Sie sich mit geeigneten Pflanzen dort einen besonderen Schutzraum gestalten.

Eine Hecke aus Dornensträuchern, wie z. B. Weißdorn, Schlehen, Heckenrosen, Brombeer- und Haselsträuchern, war schon für unsere Vorfahren eine typische Begrenzung ihres Hags – ihres eingefriedeten Lebensbereiches. Solch eine Hecke dient zum Schutz vor nicht willkommenen Tieren und ungebetenen Gästen aus der Anderswelt. Gleichzeitig ist es ein vielfältiger Lebensraum für viele Vögel und Kleintiere, denen er Schutz und Nahrung bietet. Mit seinen schönen Blüten und vitaminreichen Früchten erfreut er auch uns Menschen.

**Die Rose, äußerst stachelig und wunderschön lieblich zugleich, gehört sie wohl zu den schönsten Schutzpflanzen.**

Auch können Sie die vier Ecken Ihrer Wohnung mit Naturmaterialien wie z. B. Weißdornzweigen und Haselstäben ausstatten und so mit einem Schutz versehen.

## Ihre magischen Bodyguards

Überlegen Sie sich, welche Symbole, welche Pflanzen und Tiere für Sie Schutzcharakter haben.

Bitten Sie die entsprechenden Pflanzen und Tiere um Unterstützung, dass Sie sie immer rufen dürfen, wenn Sie ihre Hilfe benötigen. Pflegen Sie diese Beziehungen (siehe auch Kapitel »Netz des Lebens – deine Mitbewohner«, Seite 80) sowie »Dankbarkeit«, Seite 104.

**Der Wolf – ein faszinierender kraftvoller Jäger – ist für manche ein Verbündeter mit großer Schutzkraft.**

# Reinigung – die Kraft der Erneuerung

Reinigungsrituale sind ein wichtiger Aspekt im Schamanismus. Die Heilungsarbeit eines Schamanen hat oft mit der Reinigung von negativen Einflüssen zu tun. Viele Rituale bei Jahreskreisfesten haben zum Ziel, Altes abzulegen, um Platz für Neues zu schaffen.

*»Freiräume schaffen und sie mit neuen Inhalten füllen. Zu voll ist alles! Der Leere bedarf es!«*

(Der Holunder)

Im schamanischen Denken wird der ewige Zyklus von Werden und Vergehen als Zeichen der Lebendigkeit gesehen. Und so wird der Wandel auch bewusst zelebriert. Wenn man der Natur im Jahreslauf folgt und so teilhat an ihrer Erneuerungskraft, ist auch das ein Prozess der Reinigung, der seinen Höhepunkt im Frühjahrsputz und -kult entfaltet. Die Reinigung des Wohn- und Lebensraumes wird in schamanischen Kulturen immer auch auf die andersweltlichen Ebenen bezogen.

Manche Zeiten im Leben erfordern von uns einen besonderen Wandlungsprozess, den wir vielleicht mit einem Reinigungsritual unterstützen möchten. Solche Zeiten können sein, wenn man sich von einem Lebenspartner trennt, wenn die Kinder

aus dem Haus gehen, in den Wechseljahren usw. Auch spüren wir manchmal, dass sich in unseren Wohnräumen Energien angestaut haben, die nicht gut für uns sind. Das kann etwa nach einem Streit sein, nach dem Besuch unangenehmer Gäste oder auch, ohne dass wir den Grund kennen. Verschiedene Pflanzen und Techniken können uns helfen, all diese Reinigungs- und Wandlungsprozesse besonders kraftvoll zu unterstützen.

## Reinigende Räucherungen

Mit einer Räucherung der eigenen Wohnung bzw. des Wohnhauses kann man ungebetene Energien hinausscheuchen und gleichzeitig den eigenen Herrschaftsbereich markieren, sozusagen eine »Duftmarke« setzen. Auch kann man die Atmosphäre so positiv verändern. Ebenso kann man den eigenen Körper mit einer Räucherung energetisch reinigen und von Anhaftungen befreien.

### *Reinigung für die Wohnräume*

**Nehmen Sie für diese Räucherung ein handliches Räuchergefäß, mit dem Sie durch Ihre Räume gehen können. Gegebenenfalls benötigen Sie eine Unterlage für das Räuchergefäß und einen Topflappen, da das Räuchergefäß heiß werden könnte.**

Entzünden Sie die Räucherkohle und legen Sie die Räucherstoffe auf. Beachten Sie auch die Informationen zum Räuchern auf Seite 92. Beim Ausräuchern der Innenräume ist es wichtig, eine Tür oder ein Fenster nach draußen offen zu lassen, durch die Sie das, was gehen soll, hinausschicken. Schreiten Sie mit dem Räuchergefäß alle Teile des Raumes ab und gehen Sie dabei insbesondere auch in die Ecken und unter die Möbel wie Tische, Betten oder Schränke. Verlassen Sie sich beim Aufspüren der Plätze, denen Sie besondere Beachtung schenken, auf Ihr Gefühl. Denken Sie bewusst und klar an das Ziel: Alles, was Ihnen nicht guttut hinauszuscheuchen. Drücken Sie das, wenn es sein muss, auch klar und deutlich aus, z. B. mit einem lauten »Hinaus!«. Geben Sie den Wesen etwas Zeit, aber seien Sie bestimmt. Zum Schluss schließen Sie Fenster und Türen.

Wie fühlt es sich an? Bedanken Sie sich bei Ihren Helfern und Verbündeten, z.B. auch dem Feuer und den Pflanzen, die die Räucherstoffe geliefert haben. Solch eine Reinigungsräucherung der eigenen vier Wände ist von Zeit zu Zeit ratsam. Achten Sie auf Ihr Gefühl, wann es einmal wieder nötig ist.

Auch Kräuterbündel aus getrocknetem Salbei oder Beifuß eignen sich für Reinigungsrituale.

## Räucherstoffe für Reinigungsräucherungen

Zum Zweck der Reinigung eignen sich die folgenden Räucherstoffe besonders gut: Sal, Dammar, Kiefernharz, Kampfer, Fichtenharz, Wacholderzweigspitzen, Engelwurzwurzel oder –samen, Thymiankraut, weißes Sandelholz, Sage (Steppenbeifuß), Beifußblätter, Salbeiblätter sowie Lavendelblüten.

## Reinigung für den Körper

Nehmen Sie, wie für die Reinigungsräucherung Wohnräume beschrieben, ein handliches, bewegliches Räuchergefäß (siehe auch Kapitel »Räuchern« ab Seite 92). Eine Reinigungsräucherung für den Körper macht man am besten zu zweit, es geht aber auch allein. Eine Person stellt sich breitbeinig und mit offenen Haaren hin und wird von der anderen Person »abgeräuchert«. Beginnen Sie an den Füßen und bewegen Sie das Räuchergefäß langsam an der Vorderseite des Körpers der Person empor. Ab und zu wedeln Sie mit einer Feder den Dampf zur Person und an der Person vorbei. Gleiten Sie dann an den ausgestreckten Armen entlang, am Kopf und dann am Rücken wieder hinunter. Räuchern Sie auch unter den Achseln, unter den Fußsohlen und heben Sie lange Haare an, um den Nacken zu erreichen.

Denken Sie auch hier stets klar und deutlich an Ihr Ziel: »Alles, was mir nicht guttut, möge mich verlassen und Platz machen für Dinge, die mir wohltun!«.

Machen Sie diese Reinigungsräucherung am besten draußen. Wenn das nicht möglich ist, bedenken Sie auch hier, dass Sie dem, was weggeräuchert werden soll, einen Fluchtweg frei lassen (Fenster, Tür), und zeigen Sie deutlich den Weg hinaus!

## Räuchermischung »Freiheit«

Geben Sie als Basis reichlich Dammar-Harz in eine kleine Schale, dazu eine kleine Menge getrocknete Laven-

Als Pionier- und Frühlingspflanze verfügt die Birke über große Wandlungskraft.

delblüten und eine Prise gemahlene Wacholderzweig-spitzen. Alles gut mischen und Teelöffelweise auf die Räucherkohle geben.

## Reinigung und Schutz durch den Besen

Der Besen diente früher nicht nur dazu, den Dreck und Staub zu entfernen, sondern auch »Feinstoffliches« und »Energetisches«, was nicht im Haus und auf dem Hof bleiben sollte. Der Besen war und ist in schamanischen Kulturen ein extrem wichtiger Ritualgegenstand. Auch Heil- und Reinigungsrituale am Körper werden mit kleinen Besen durchgeführt.

So viele Bräuche mit dem Besen sind bekannt, dass es im »Handwörterbuch des deutschen Aberglaubens« von Hanns Bächtold-Stäubli ein langes Kapitel zum Thema »Besen« gibt. Der Besen selbst ist ein Werkzeug für den Abwehrzauber und für die Reinigung – um alles Dämonische und Schadenbringende zu vertreiben. Diese Kraft wird verstärkt durch die Kraft der Pflanze, aus der der Besen gefertigt wird. Besonders schutzmagische, reinigende und heilbringende Wirkung werden dem Besen aus Birkenruten zugeschrieben. Schutzrituale mit einem Besen sollten insbesondere vor Hexen und auch vor dem Befall durch Ungeziefer helfen. So wichtig war der Besen, dass früher der Braut, wenn sie vom Altar heimkehrte, zuerst ein Besen geschenkt wurde.

### »Besenmagie«

Ein Besen vor die Tür gestellt, soll dem Haus einen allgemeinen Schutz bieten und insbesondere bei Abwesenheit der Bewohner vor dem Eintritt ungebetener Gäste schützen. Nach altem Volksglauben überschreiten Hexen keine Besen. Wollte man erkennen, ob jemand eine Hexe ist, konnte man der Person einen Besen vor die Füße werfen und schauen, ob sie in der Lage war, den Besen zu überschreiten. Wenn man mit einem Besen die Felder umreitet oder Besen in die Ecken der Felder aufstellt, soll dies einen Schutz vor Unge-

ziefer bieten. Nach alter Vorstellung verfangen sich die Geister in den Ruten. Daher galt der Besen auch als Ort der Hausgeister oder auch der »armen Seelen«. Daher durfte man einen Besen nie werfen oder einfach so verbrennen, man musste den Geistern die Zeit und Möglichkeit geben zu entweichen.

### *Reinigungsritual mit dem Besen*

Nehmen Sie einen kleinen Ritualbesen, am besten aus Birkenholz und -reisig, und streichen Sie den Körper damit ab, immer in Richtung Erde. Bitten Sie die Erde, alles aufzunehmen, was nicht an Ihnen haften bleiben soll.

**Ein Besen dient nicht nur zum Fegen, sondern ist ein schützendes und reinigendes Ritualwerkzeug.**

## Krankheiten abstreifen

Unsere Vorfahren kannten Heilungsrituale, bei denen man eine Krankheit »abstreifen« und sie der Natur – der Mutter Erde – übergeben konnte. Hierzu kroch der Hilfesuchende durch einen dornigen Strauch (z. B. Weißdorn und Schlehe) mit der Absicht, dass die Krankheit an den Dornen hängen bleiben möge.

Ein ähnliches Ritual mit einer etwas anderen Idee besteht darin, durch eine Öffnung in einem Baum zu kriechen, den man als dem Menschen besonderes wohlgesinnt betrachtete. So waren etwa Eichen, die natürlicherweise solche Öffnungen aufwiesen (sogenannte Zwieseleichen) mancherorts sehr berühmt: Es wird berichtet, dass die Schlange der Wartenden, die durch so eine »zweite Geburt« durch den Baum geheilt werden wollten, sehr lang war.

## *Reinigungsritual am Dornenstrauch*

**Wenn Sie in der Natur einen geeigneten Ort mit Dornensträuchern kennen, an dem Sie durch einen Strauch kriechen können, ohne sich zu verletzen, dann überlegen Sie sich, was Sie abstreifen möchten.**

Ziehen Sie Kleidung an, die kaputt und dreckig werden darf. Wenn Sie an diesem Ort sind, bitten Sie den Strauch, Ihnen das abzunehmen, was Sie loswerden möchten. Fragen Sie ihn, ob Sie sich hier bei ihm reinigen dürfen. Bitten Sie weiterhin Mutter Erde, das aufzunehmen und zu neutralisieren. Geben Sie dem Strauch etwas von sich (siehe

**Durch die Öffnung eines Baumes zu kriechen, ist ein altes Heilungsritual. Es soll die Chance für einen Neuanfang ins Leben bieten.**

auch Kapitel »Dankbarkeit und Opfergaben«, Seite 104). Seien Sie sich klar über das Ziel etwas abzugeben, und erklären Sie, was Sie damit bezwecken möchten. Dann kriechen Sie hindurch und schauen Sie nicht zurück. Bedanken Sie sich bei dem Ort, bei Mutter Erde, bei der Pflanze.

## Frühjahrskuren und Frühjahrsputz

Heute versteht man unter Frühjahrskuren oft nur rein körperlich orientierte Entgiftungskuren. Früher war dies ein bedeutendes Ritual, um sich mit der Kraft der Natur zu vereinen und sich schutzmagische Kräfte einzuverleiben. Ebenso war der Frühjahrsputz natürlich auch verbunden mit einer energetischen Reinigung des Wohn- und Lebensraumes. All die Dunkelheit, die Kälte, die Starre, die Unbeweglichkeit, alle Erinnerung an die Zeit der Entbehrung sollte hinaus und Platz machen für Neues!

Obwohl wir heute weitgehend unabhängig von den Jahreszeiten leben und uns den ganzen Winter über mit frischem Obst und Gemüse versorgen können, macht es auch heute Sinn, wenn wir uns selbst und unseren Lebensraum im Frühling besonders bewusst reinigen.

### *Magische Hausreinigung – Frühjahrsputz*

**Warum nicht einmal den Haus-, Wohnungs- oder Frühjahrsputz etwas anders gestalten?**

Nehmen Sie zusätzlich zum Staubsauger auch mal wieder einen Besen in die Hand und fegen Sie damit »feinstofflich« durch die Räume. Ähnlich wie bei der Reinigungsräucherung sollten Sie auch hier eine Tür oder ein Fenster öffnen, um das, was Sie zusammengefegt haben, entweichen zu lassen, hinauszubitten oder auch -zuscheuchen – wenn nötig!

Beim Putzen des Hauses können ätherische Öle, die mit ins Wasser gegeben werden, eine andere Qualität von »rein« vermitteln. Geben Sie hierzu einige Tropfen naturreines ätherisches Lavendel- oder Rosengeranien-Öl in das Wischwasser, das Sie zum Staubwischen und Fußbodenwischen verwenden. Prüfen Sie zuvor, ob die zu bearbeitenden Möbel und Materialien in Ihren Wohnräumen entsprechend unempfindlich sind und dies zulassen. Eine gute Dosierung sind 1–3 Tropfen ätherisches Öl pro 5 Liter Wasser. Das Reinigungsmittel sollte entsprechend mild und duftneutral sein.

Sie werden feststellen, dass sich Ihre Räume auf andere Art und Weise »sauber« anfühlen.

Lavendel harmonisiert, klärt die Gedanken und reinigt die Atmosphäre.

# Frühlingspflanzen und ihre Wandlungskraft

Die ersten Frühlingspflanzen waren für unsere Vorfahren von extrem großer Bedeutung. Selbstverständlich griffen sie nach der langen entbehrungsreichen Winterzeit nach den nun überall sprießenden grünen Blättchen! Zahlreiche Frühlingskultspeisen sind überliefert, wie beispielsweise die »Neun-Kräuter-Suppe«. Sie waren nicht nur vitamin- und mineralstoffreiche Nahrung und stoffwechselanregende Kräutlein, sondern wurden auch als zauberkräftig angesehen: Durch das Einverleiben dieser heiligen Geschenke der Natur sollten die Menschen das ganze Jahr über vor Krankheiten und anderem Unheil beschützt sein. Frühlingskraft ist

**Ein Tee aus frischen, jungen Birkenblättern ist äußerst schmackhaft.**

Zauberkraft! Denn sie verwandelt kraftvoll und schnell in einen Zustand von mehr Lebendigkeit – das bringt auch uns moderne Menschen jedes Jahr immer wieder aufs Neue zum Staunen!

## Der Löwenzahn – die Quelle der Wandlung

Unseren Vorfahren galt die fröhliche »Sonnenpflanze« als Allheilmittel. Der Löwenzahn (*Taraxacum* sect. *Ruderalia*) enthält reichlich Bitterstoffe und Mineralien und wirkt damit verdauungsfördernd und harntreibend. Er ist ein ausgezeichnetes Tonikum und Stärkungsmittel und wird in der Naturheilkunde gern als »Umstimmungsmittel« gebraucht – wann immer sehr deutlich ein Wandlungsprozess nötig ist (mehr zum Löwenzahn siehe auch Seite 109).

Kontraindikationen: Verschluss der Gallenwege, Gallenblasenempyem, Ileus; bei Gallensteinleiden nur nach Rücksprache mit dem Arzt anwenden.

Nebenwirkungen: gelegentlich Magenbeschwerden durch verstärkte Produktion von Magensäure.

## Die Brennnessel – feurig und lebendig

Das Kraut der Brennnessel (*Urtica urens* L., *Urtica dioica* L.) enthält vor allem viele Mineralstoffe und Vitamine. Es wirkt harntreibend, allgemein stoffwechselanregend und belebend. Bei degenerativen und entzündlichen Gelenkerkrankungen wirkt das Brennnesselkraut weiterhin entzündungshemmend und verbessert die Beweglichkeit. Auf der geistig-seelischen Ebene kann die Brennnessel die Willens- und Durchsetzungskraft fördern und so zu einer anderen Art der »Entgiftung« beitragen – der Befreiung von Dingen, die einen belasten bzw. die einem nicht guttun.

Kontraindikation Brennnesselblätter: keine Durchspülungstherapie bei Ödemen infolge eingeschränkter Herz- und Nierentätigkeit.

## Die Birke – die Kraft des Neubeginns

Die Birke (*Betula pendula* Roth., *Betula pubescens* Erh.) ist eine ausgesprochene Pionierpflanze. Bei der Besiedelung neuer Standorte ist sie immer mit unter den Ersten. Birkenblätter enthalten viele Flavonoide und Saponine, außerdem Gerbstoffe, ätherisches Öl und Vitamin C. Die Birkenblätter wirken harntreibend und entzündungshemmend. Man verwendet sie bei rheumatischen Erkrankungen und Hauterkrankungen sowie für Durchspülungstherapien bei Erkrankungen der Harnwege. Die Birke mit ihrer anmutigen Beweglichkeit ist eine Heilpflanze, die alles gut in Fluss bringt, auch den Fluss der Gedanken.

Kontraindikation: keine Durchspülungstherapie bei Ödemen infolge eingeschränkter Herz- und Nierentätigkeit.

## *Ganzheitliche Frühjahrskuren*

**Ergänzen Sie eine Frühjahrskur mit stoffwechselanregenden Frühlingspflanzen wie beispielsweise Löwenzahn, Birke und Brennnessel mit allem, was Ihnen Spaß macht, um eine Reinigung auch auf geistig-seelischer Ebene zu unterstützen.** Ergänzen Sie Ihre Kur z. B. mit »Licht- und Luftbädern« in Form von Spaziergängen, mit Massagen, Kneipp'schen Wasseranwendungen und viel Freiräumen für Geist und Seele (z. B. mit der Übung »Den Geist klären« auf Seite 32).

Informieren Sie sich vor dem Gebrauch von Heilpflanzen über deren Wirkungen und Kontraindikationen. Lassen Sie sich von einer entsprechenden Fachkraft beraten, welche Heilpflanzen für Sie persönlich geeignet sind. Beispielhaft nenne ich hier zwei Möglichkeiten für eine Frühjahrskur:

**Variante 1:** Nehmen Sie über 4 bis 6 Wochen täglich morgens und mittags je 1 EL Löwenzahn-Frischpflanzenpresssaft und 1 EL Brennnessel-Frischpflanzenpresssaft ein.

Wenn Sie möchten, können Sie diese mit ½ Glas Buttermilch vermischen – für den besseren Geschmack. Da beide Pflanzen recht stark harntreibend sind, sollten Sie sie nicht am Abend einnehmen.

**Variante 2:** Trinken Sie über 1 bis 2 Wochen täglich Tee aus frischen Birkenblättern. Diese können geerntet werden, wenn die Blätter gerade ausgetrieben und noch recht zart und hell sind. Nehmen Sie eine Handvoll der sauber gewaschenen Birkenblätter, übergießen Sie sie mit 1 Liter kochendem Wasser und lassen Sie sie 10 Minuten ziehen. Diesen Tee kann man über den Tag verteilt in kleinen Portionen trinken. Auch nach dem Erkalten ist dies ein erfrischendes, wohlschmeckendes Getränk.

Für eine Frühjahrskur sind frische Pflanzenzubereitungen am besten geeignet.

## Reinigungsrituale bei Jahresfesten

Bei jedem Jahreskreisfest waren Reinigungsrituale ein wichtiger Bestandteil. Das Mittsommer- oder Johannisfeuer beispielsweise sollte die Luft reinigen und böse Geister verscheuchen. Das Überspringen des Johannisfeuers sollte das ganze Jahr über vor Fieber schützen und allgemein Gesundheit bringen. Vor dem Sprung über das Feuer legte man sich einen Gürtel aus zauberkräftigen Pflanzen wie Beifuß und Eisenkraut um. Später wurden diese Kräuter ins Feuer geworfen und man glaubte, damit alles Unheilbringende zu verbrennen.

### Magische Johanniskräuter

Aus den sogenannten Johanniskräutern flocht man zur Mittsommernacht Zöpfe, die man mit nach Hause nahm. Sie sollten das ganze Jahr über Glück bringen. Im nächsten Jahr wurden sie dann im Feuer verbrannt, sobald ein neuer Zopf geflochten war. Johanniskräuter werden all jene Kräuter genannt, die zur Zeit der Sommersonnenwende blühen und geerntet werden, dazu gehören z.B. Johanniskraut, Frauenmantel, Beifuß, Quendel und Holunderblüten.

### *Glück bringendes Ritual zu Mittsommer*

**Flechten Sie in der Mittsommerzeit einen Zopf aus blühenden Kräutern, am besten aus Heilkräutern, zu denen Sie eine persönliche Beziehung haben.** Wünschen Sie sich, dass dieser Zopf Ihnen das ganze Jahr über Glück und Gesundheit bringen möge, dass er all die Fröhlichkeit und Lebenskraft dieser Sonnen-Hoch-Zeit im Jahr Ihnen immer dann vermitteln möge, wenn Sie diese Kraft

**Gemeinsam ums Feuer zu sitzen ist ein kraftvolles, archaisches Kreisritual.**

benötigen. Bitten Sie die Pflanzen darum, Ihnen mit dieser Kraft zur Seite zu stehen.

Lassen Sie den Zopf an einem luftigen, schattigen Ort gut trocknen und bewahren Sie ihn an einer für Sie bedeutsamen Stelle auf. Im nächsten Jahr können Sie den Zopf dann erneuern. Bedanken Sie sich bei dem alten Zopf!

Lassen Sie das vergangene Jahr noch einmal Revue passieren. Was ist Ihnen Gutes widerfahren, was war unangenehm? Werfen Sie dann den Zopf ins Feuer mit der Intention, das Alte, was Sie nicht mehr brauchen, abzugeben, Gutes zu bewahren und Neues, Gutes einzuladen, in Ihr Leben zu kommen.

**Kränze zu binden und Zöpfe zu flechten ist eine uralte Methode, sich mit der Kraft der Pflanzen zu verbinden.**

# Die Kraft der Verbindung

Kraft schöpfen wir aus unserer körperlichen, geistigen und seelischen Nahrung – aus den Stoffen, die unser Körper in Energie umwandelt, aus dem Sonnenlicht, das uns Wärme und Freude vermittelt, aus den Beziehungen zu anderen Menschen, zu Pflanzen und Tieren.

*»Das All-Eins ist die Quelle der Kraft – die Liebe.«*

Besondere Kräfte entstehen durch die Verbundenheit mit Naturkräften und Wesenheiten. Im schamanischen Denken spielt für den Gewinn von Kraft nicht nur Sicht- und Messbares eine Rolle – durch grenzüberschreitende Verbindung können wir unsere Kräfte erweitern. Das »Feuer der Begeisterung« etwa kann eine Kraft sein, die uns zu unglaublichen Leistungen befähigt.

Kraft kann verloren gehen, wenn es Dinge gibt, die uns schwächen. Die prophylaktische Abwehr von schädlichen Kräften und die Reinigung von negativen Kräften sowie von Dingen, die wir nicht mehr benötigen, helfen, dies zu verhindern. Die Natur zeigt uns, wie Erscheinungen kommen und gehen, in einem ewigen Rhythmus von Werden und Vergehen. Sowohl die Zerstörungskraft als auch die Erneuerungskraft der Natur sind gewaltig. Flexibel und beweglich zu bleiben – gibt uns immer wieder aufs Neue Kraft.

## Die Vielfalt der Naturkräfte nutzen

Die Kräfte, die uns die Natur vermitteln kann, sind sehr unterschiedlich. Deshalb spricht man in der ganzheitlichen Pflanzenheilkunde gerne von den »Qualitäten« der Pflanzen. Damit sind die Eigenschaften und Fähigkeiten der Pflanze gemeint, die sie uns vermitteln kann – auf allen Ebenen: körperlich, geistig und seelisch. Je besser wir also »die Natur der Dinge« wahrnehmen und je besser wir wissen, welche Kräfte wir gerade benötigen, desto gezielter können wir uns mit den passenden Kräften der Natur verbinden.

### Pflanzenheilkräfte für Körper, Geist und Seele

Wenn Sie sich beispielsweise mit Heilpflanzen beschäftigen: Versuchen Sie immer möglichst viele Ebenen der Eigenschaften und Fähigkeiten der Pflanze zu verstehen. Die Pflanzen wirken nicht nur mit ihren Inhaltsstoffen auf physiologische Funktionen unseres Körpers ein. Pflanzen können uns Freunde sein, uns mit ihren Kräften auch unterstützen, neue Sichtweisen zu entwickeln und entsprechende Verhaltensänderungen vorzunehmen. Sie können uns wundervolle Begleiter auf unserem Lebensweg sein – im wahrsten Sinne des Wortes!

*»Die wunderbaren Qualitäten, die ich bei ihnen fand – in jeder Pflanze andere, sind Eigenschaften, die auch wir Menschen in uns tragen. Indem wir auf dem inneren Weg eins mit ihnen werden, fördern wir jene Qualitäten in uns selbst und werden wahrhaft zu dem, was wir in Wirklichkeit sind.«*

(Dorothy Maclean)

### Lied der Sonne

»Ich bin die Mutter Sonne und trage
die Erde bei Nacht, die Erde bei Tage.
Ich halte sie fest und strahle sie an,
dass alles auf ihr wachsen kann.
Stein und Blume, Mensch und Tier,
alles empfängt sein Licht von mir.
Tu auf dein Herz wie ein Becherlein:
Denn ich will leuchten auch dort hinein!
Tu auf dein Herz, liebes Kind,
dass wir ein Licht zusammen sind!«

(Christian Morgenstern)

Je inniger unsere Beziehungen zu unseren grünen Mitbewohnern sind, desto mehr haben wir das Gefühl, im Garten auf Freunde zu treffen.

# Die Kraft der Gedanken

Die eigene mentale Kraft – die Kraft unserer Gedanken – wird oft unterschätzt. Doch wir können unsere Wahrnehmung gezielt und sinnvoll einsetzen und auch unsere Handlungen entsprechend ausrichten und gestalten.

Kraft entsteht auch durch die Bedeutung, die wir den Dingen geben. Bei meinen Kontakten mit der schamanischen Kultur war ich immer wieder beeindruckt und fasziniert davon, dass alles eine Bedeutung hat und in Zusammenhang steht mit dem schamanischen Kosmos. So erzählt beispielsweise das gewebte Muster auf einer Tasche oder einem Gürtel eine wichtige Geschichte oder die Glut des Feuers während eines Rituals wird immer wieder mit Bedacht angeordnet, zu Symbolen der Kommunikation mit der Anderswelt.

*»Wirksam ist der Zauber zusammen mit dem Heilmittel, wirksam ist das Heilmittel zusammen mit dem Zauber.«*

(aus dem Papyrus Ebers)

## Das Leben sinnvoll gestalten

Bei einem schamanischen Ritual entsteht eine Wirkung niemals nur durch eine materielle Substanz, also beispielsweise eine Tablette, so wie wir es aus unserem Medizinsystem gewohnt sind. Die Wirkung entsteht immer in Verbindung mit einer bewusst gestalteten Handlung und der Förderung

**Umgeben Sie sich mit Pflanzen, die Ihnen guttun. Verbinden Sie sich voller Achtsamkeit mit ihren Kräften.**

einer bestimmten Einstellung bzw. Erwartungshaltung. Dies zu berücksichtigen hilft, nicht nur ein Ritual oder eine Anderweltreise zu gestalten, es hilft, das Wirken des Menschen überhaupt im schamanischen Sinne gut zu verstehen. Indem wir alle diese Faktoren berücksichtigen, können wir fast alles in unserem Leben sinnvoller und kraftvoller gestalten.

*Ein altes magisches Gesetz besagt:*
*»Was auch immer du tust,*
*es kommt siebenfach zu dir zurück. «*

Die folgenden Übungen führen nun vieles, was in diesem Buch behandelt wurde, kraftvoll zusammen.

## Die magische Teezubereitung

**Machen Sie aus dem Trinken einer Tasse Kräutertee ein Heilungsritual.** Machen Sie sich nicht nur Gedanken über die Wahl des Krautes und den Einkauf von besonders guter Qualität, sondern auch über die Utensilien, mit denen Sie Ihren Tee zubereiten und genießen. Besorgen Sie sich insbesondere eine besonders schöne Teetasse, die Sie nur für Ihre Heilrituale gebrauchen. Vielleicht finden Sie eine Tasse, auf der sich Symbole befinden, die für Sie besonders heilsame Bedeutung haben. Nehmen Sie sich Zeit und Ruhe für Ihre »Teezeremonie«. Während Sie den Tee zubereiten, denken Sie an die Heilpflanze, die Sie verwenden, in dankbarer Haltung.

Bevor Sie beginnen, den Tee zu trinken, denken Sie an das Ziel, das Sie mit dem Genuss des Tees erreichen möchten. Bitten Sie die Pflanze und eventuell andere Verbündete um Unterstützung dabei. Trinken Sie den Tee langsam, schluckweise. Schließen Sie ab und zu die Augen und nehmen Sie sehr bewusst Geruch, Geschmack und

momentane Wirkung des Teetrinkens wahr. Bedanken Sie sich zum Abschluss bei allen Kräften, die beteiligt waren.

## Teemischung »Freundschaft«

**Grünes Haferkraut, Rosenknospen, getrocknete Apfelstücke, Birkenblätter, Weißdornblätter und -blüten sowie Eisenkraut (*Verbena officinalis* L.) zu gleichen Teilen, dazu ein wenig Thymiankraut oder Schafgarbenkraut.** Geben Sie 1 TL der Mischung der getrockneten Pflanzenteile in eine Kanne oder einen Krug und gießen Sie mit 1 Tasse kochendem Wasser auf. 5 min ziehen lassen, abseihen durch ein Teesieb und dann genießen.

Umgeben Sie sich mit Dingen, die eine positive Symbolkraft für Sie haben.

## Der Venusgarten – Räucherritual

Informationen zum Räuchern und zum Ablauf eines Räucherrituals finden Sie auf Seite 92. **Entwickeln Sie während des Räucherrituals Ihre eigene Vision von einem Ort, an dem Sie sich optimal erholen und entspannen können, wo Sie alles zur Verfügung haben, was Sie brauchen, um glücklich und gesund zu sein.** Das ist der Venusgarten, Ihr persönlicher Venusgarten, wo Sie Kraft und Heilung finden und das Leben genießen können. Sie können diesen Ort immer wieder aufsuchen, wenn Sie nach Zeiten besonderer Anstrengung und Anspannung wieder Kraft gewinnen und sich regenerieren möchten.

## Räuchermischung »Venusgarten«

Wer möchte nicht einmal abtauchen an einen besonders freundlichen Ort, an dem man sich ideal entspannen, erholen und regenerieren kann? Diese Räuchermischung zaubert eine angenehme Atmosphäre und passt zu Räucherritualen, die dem Wohlgefühl dienen: **Man nehme feines Myrrhenharz, Weihrauch bestmöglicher Qualität, Pulver von Weißem Sandelholz, Benzoe und Styrax und dazu eine angenehme freundliche Musik.**

## Symbole, die mir guttun

**Die Dekoration Ihrer Wohnräume, die Gestaltung Ihres Gartens etc. sollten nicht nur darauf angelegt sein, äußerlich ästhetischen Ansprüchen zu genügen. Sie können auch auf anderen Ebenen kraftspendende Elemente Ihres Lebens sein. Setzen Sie Ihre Kreativität dafür ein, sich mit dem zu verbinden, was Ihnen guttut.**

Durch die respektvolle Verbindung mit der Natur zeigt sich das Leben mit seiner ganzen wundervollen Zauberkraft.

Durch die vielen Übungen wissen Sie nun mittlerweile recht gut, welche Farben, Formen, Symbole, Zeiten, Räume, Werte, Materialien, Wesen und Kräfte der Natur Ihnen persönlich besonders guttun. Nutzen Sie das, um Ihr persönliches Umfeld für Sie kraftvoll und ansprechend zu gestalten.

## Einen Ort der Kraft gestalten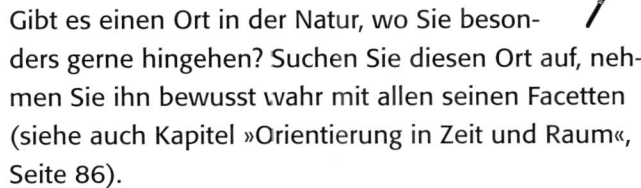

**Gibt es einen Ort in der Natur, wo Sie besonders gerne hingehen? Suchen Sie diesen Ort auf, nehmen Sie ihn bewusst wahr mit allen seinen Facetten** (siehe auch Kapitel »Orientierung in Zeit und Raum«, Seite 86).

Treten Sie in Kommunikation mit dem Ort – mit den Ortsgeistern, mit den Pflanzen, Tieren und Steinen, die sich dort befinden – oder auch anderen Wesenheiten, die sie dort wahrnehmen. Stellen Sie Fragen und hören Sie aufmerksam zu, welche Antworten Sie erhalten. Was wünscht sich dieser Ort von Ihnen? Worüber freut er sich? Wo möchte er in Ruhe gelassen werden? Wo sind Grenzen, die Sie wahren sollten?

Wenn Sie möchten, bringen Sie Geschenke bzw. Opfergaben mit, tanzen oder singen Sie oder was auch immer Ihnen geeignet erscheint um mit diesem Ort und seinen Wesenheiten in eine gute Verbindung zu gehen.

Mit all dem, was Sie bis hierher gelernt haben, können Sie nun aus dem Vollen schöpfen. Achten Sie darauf, wie sich dieser Ort mit der Zeit – mit Ihnen – verändern wird. Spüren Sie diese Kraft und »machen Sie was Schönes draus«!

*»Die Natur ist unsere große Quelle für Inspiration, Erkenntnis und Kraft, denn sie hat das Leben geschafft.«*

# Verzeichnis der Übungen

## *Rituale*

### Gestalten im Einklang mit der Natur

## Bildnachweis

# Verzeichnis der zitierten Literatur und Literaturempfehlungen

• **Bach, Edward (1932):** *Befreie dich selbst.* In: Howard, J. & Ramsell, J. (Hrsg., 1995): *Edward Bach. Die nachgelassenen Originalschriften.* Hugendubel, München

• **Bächtold-Stäubli, Hanns (Hrsg. 1927–1942):** *Handwörterbuch des deutschen Aberglaubens. Reprint von 2000.* Weltbild, Augsburg

• **Bäumler, Siegfried (2007):** *Heilpflanzenpraxis heute. Porträts, Rezepturen, Anwendung.* Elsevier, Urban & Fischer, München

• **Cowan, Eliot (2010):** *Pflanzengeist-Medizin. Schamanische Kommunikation mit dem Geist von Heilpflanzen.* Binkey-Kok Publications, Haarlem/Holland

• **Demandt, Alexander (2005):** *Über allen Wipfeln. Der Baum in der Kulturgeschichte.* Albatros Verlag, Düsseldorf

• **Golther, Wolfgang (1895):** *Germanische Mythologie. Handbuch – Gesamtausgabe. Reprint 2004.* Magnus Verlag, Essen

• **Gottwald, Franz-Theo (1998):** *Hören, Wissen, Handeln – Schamanische und tiefenökologische Anregungen für eine konviviale Wissenschaft.* In: Gottwald, F.-T. & Rätsch, C. (Hrsg., 1998): *Schamanische Wissenschaften. Ökologie, Naturwissenschaft & Kunst.* Diederichs, München

• **Hageneder, Fred (2004):** *Geist der Bäume. Eine ganzheitliche Sicht ihres unerkannten Wesens.* Neue Erde, Saarbrücken

• **Höfler, Max (1908):** *Volksmedizinische Botanik der Germanen. Reprint von 1990.* Verlag für Wissenschaft und Bildung, Berlin

• **Huxley, Aldous (2000):** *Die Pforten der Wahrnehmung, Himmel und Hölle.* Piper Verlag, München

• **Kalweit, Holger (1998):** *Schamanische Energie-Ökologie: Das Bündnis von Seelen- und Naturfeld.* In: Gottwald, F.-T. & Rätsch, C. (Hrsg., 1998): *Schamanische Wissenschaften. Ökologie, Naturwissenschaft & Kunst.* Diederichs, München

• **Kerényi, Karl (2003):** *Die Mythologie der Griechen. Band 1: Die Götter und Menschheitsgeschichten.* dtv, München

• **Maclean, Dorothy (1996):** *Du kannst mit Engeln sprechen.* Aquamarin Verlag, Grafing

• **Maclean, Dorothy (2006):** *Du kannst mit Engeln sprechen 2. Neue Botschaften aus dem Reich der Engel und Naturgeister.* Aquamarin Verlag, Grafing

• **Metzner, Ralph (1994):** *Der Brunnen der Erinnerung. Von den mythologischen Wurzeln der Kultur.* Aurum Verlag, Braunschweig

• **Morgenstern, Christian (2012):** *Liebe Sonne, liebe Erde. Ein Kinderliederbuch.* Lappan Verlag, Oldenburg

• **Müller-Ebeling, Claudia (2010):** *Ahnen, Geister und Schamanen. Universale Zeichen, Klänge und Muster der unsichtbaren Welt.* AT-Verlag, Aarau und München

• Müller-Ebeling, Claudia & Rätsch, Christian (2011): *Tiere der Schamanen. Krafttier, Totem und Tierverbündete.* AT-Verlag, Aarau und München

• Müller-Ebeling, Claudia; Rätsch, Christian und Shahi, Surendra Bahadur (2000): *Schamanismus und Tantra in Nepal. Heilmethoden, Thankas und Rituale aus dem Himalaya.* AT Verlag, Aarau /Schweiz

• Orpheus: *Altgriechische Mysterien. Aus dem Urtext übertragen und erläutert von J. O. Plassmann. 2. Auflage 1992.* Eugen Diederichs Verlag, München

• Pahlow, Mannfried (2000): *Das große Buch der Heilpflanzen. Gesund durch die Heilkräfte der Natur.* Weltbild Verlag, Augsburg

• Paracelsus (1589–1591): *Sämtliche Werke. Nach der 10bändigen Huserschen Gesamtausgabe bearbeitet von Bernhard Aschner 1926. Bd. I-IV, Reprint von 1993.* Anger-Verlag Eick, Bischofswiesen

• Perger, Ritter von (1864): *Deutsche Pflanzensagen.* August Schaber, Stuttgart und Oehringen

• Plinius: *Naturgeschichte* (vgl. *Die Naturgeschichte des Caius Plinius Secundus.* Ins Deutsche übersetzt und mit Anmerkungen versehen von Prof. Dr. G.C. Wittstein. Herausgegeben v. L. Möller und M. Vogel 2007. Band 1 und 2. marixverlag, Wiesbaden)

• Rätsch, Christian (1996): *Räucherstoffe. Der Atem des Drachen.* AT-Verlag, Aarau

• Rätsch, Christian (2005): *Der Heilige Hain. Germanische Zauberpflanzen, heilige Bäume und schamanische Rituale.* AT-Verlag, Baden

• Rätsch, Christian (2014): *Heilpflanzen der Antike. Mythologie, Heilkunst und Anwendung.* AT-Verlag, Baden und München

• Rippe, Olaf; Madejsky, Margret; Amann, Max; Ochsner, Patricia & Rätsch, Christian (2001): *Paracelsusmedizin. Altes Wissen in der Heilkunst von heute.* AT Verlag, Aarau

• Schwägerl, Christian (2010): *Menschenzeit. Zerstören oder gestalten? Die entscheidende Epoche unseres Planeten.* Riemann Verlag, München, In der Verlagsgruppe Random House GmbH

• Storl, Wolf-Dieter (1997): *Pflanzendevas – Die Göttin und ihre Pflanzenengel. Heilkunde, Kulturgeschichte, Mythologie und Religion der Völker.* AT Verlag, Aarau

• Tacitus: *Germania* (vgl. bibliographisch ergänzte Ausgabe 1997, Reclam, Stuttgart)

• Zuther, Svenja (2014): *Die Sprache der Pflanzenwelt. Begegnung mit der Pflanzenseele – Signaturenlehre – Ganzheitliche Pflanzenheilkunde.* AT-Verlag, Aarau

Die Zitate der Pflanzendevas auf den Seiten 59, 60, 87, 99, 104, 105 sowie 108 entstammen dem Buch »Die Sprache der Pflanzenwelt« (Svenja Zuther 2014).

# Stichwortverzeichnis

## Über die Autorin

Diplombiologin und Heilpraktikerin **Svenja Zuther** absolvierte Aus- und Fortbildungen in Naturheilkunde und Schamanismus. Seit 15 Jahren beschäftigt sie sich intensiv mit den Pflanzenwesen und der Erforschung ihrer ganzheitlichen Heilkräfte. 2006 gründete sie das Seminarzentrum KUDRA NaturBewusstSein (www.kudra.net). Im Zentrum ihrer Arbeit stehen die heilsame Begegnung von Mensch und Pflanze sowie die Wiederbelebung schamanischer Traditionen in Europa. Die Expertin für ganzheitliche Pflanzenheilkunde hält Vorträge, leitet Seminare und Rituale.

## Danksagung

Ich danke meiner Familie – für mein Sein in Geborgenheit und teilender Freude! Ich danke allen, die mit ihrer Unterstützung dazu beigetragen haben, dass ich mir die Zeit zur Realisierung dieses Buchprojektes nehmen konnte. Ich danke all den guten Geistern, die mich begleiten, insbesondere den mir verbundenen Pflanzengeistern. Ich danke allen Freunden und Weggefährten für die freudige, anregende und liebevolle Gemeinschaft. Namasté!

## Impressum

### Bibliografische Information der Deutschen Nationalbibliothek

Die Deutsche Nationalbibliothek verzeichnet diese Publikation in der Deutschen Nationalbibliografie; detaillierte bibliografische Daten sind im Internet über http://dnb.d-nb.de abrufbar.

BLV Buchverlag
GmbH & Co. KG
80636 München

© 2015 BLV Buchverlag GmbH & Co. KG, München

Umschlagfotos:
Vorderseite: Plainpicture/Pholdar nine, Zeichnung: Giesela Rüger
Rückseite: Mauritiuas images/Alamy: hinten links; Konstanze Gruber – Fotolia: hinten Mitte; Upixa – Fotolia: hinten rechts

Lektorat: Annely Tiedemann
Herstellung: Hermann Maxant
Grafiken: Gisela Rüger
Layoutkonzept Innentel und Satz: griesbeckdesign, München

Gedruckt auf chlorfrei gebleichtem Papier

Printed in Slovakia
ISBN 978-3-8354-1404-4

### Hinweis

Das vorliegende Buch wurde sorgfältig erarbeitet. Dennoch erfolgen alle Angaben ohne Gewähr. Weder Autorin noch Verlag können für eventuelle Nachteile oder Schäden, die aus den im Buch vorgestellten Informationen resultieren, eine Haftung übernehmen.

 www.facebook.com/blvVerlag

# Kraftquelle Baum: heilende Rezepte und Rituale

Andrea Huber
**Die Heilkraft der Bäume**
Die magische Bedeutung der Bäume für die Menschen in verschiedenen
Kulturen – einst und jetzt. 35 heimische Bäume im Porträt mit wohltuenden
Rezepten: Baumessenzen, Tees, Salben, Tinkturen, Bäder, Öle, Kulinarisches,
Räucherungen. Baum-Rituale und Baum-Mediationen. Sammeln und Verwenden
von Baum-Bestandteilen.
ISBN 978-3-8354-1376-4